U0058952

上海灘名門閨秀

宋路霞 著

代序

風景中的亮麗馨香

李倫新

　　城市是地球上的風景。全世界的城市，沒有兩個是完全相同的，每個城市的風景都有獨特的個性。記得那次在和白先勇先生共進晚餐隨意交談時，我說到從上海經香港去台灣訪問，對三城風景的觀感。白先勇先生說，他早年也是從上海經香港去台灣的，後來又從台灣經香港來上海，感受這三座城市的發展變化，相互間的共性和差異。看來個性特點是很明顯的，風景是很不同的。

　　讀著宋路霞女士送來的書稿《上海灘名門閨秀》，使我想起了和白先勇先生的交談，想到自己對上海城市風景的認知，其實是很不全面和深刻的！

　　顯然，上海開埠以來的城市風景，無論是外在的有形的建築，如林立的高樓、繁華的街市等，還是人文精神、時尚風情等等，都有著鮮明的特點，有些還頗具奇光異彩，而且是在不斷翻新變化著的。上海灘名門閨秀們真實而極富個性的傳奇生活，是我以前不曾接觸過的。讀了這部書稿，使我有一種嶄新的感受，領略了海派風光的另一片天地。

上海是海。海派文化姓海。男人是泥，女子為水。用海水和海灘的泥塑造出來的形象，自然是浸透海派風味了。一方水土養一方人。上海灘上出身名門的大家閨秀，受到海風的薰染，喝黃浦江水長大，西風東漸的潛移默化，使她們的學識和教養，氣質和風度，與小家碧玉不同，與舊時閨房小姐也不一樣。她們大都受過良好的現代教育，與海外親友有千絲萬縷的關係，通過多種渠道接受了西方文明的影響，有的在六十多年前就出國深造或探親旅遊。她們的生活是以往的文學作品較少反映的，是值得作家關注的一個特殊群體，在上海城市風景中，可以說是一道美麗的亮色，有著特殊的馨香。

宋路霞女士慧眼識寶。她在十年浩劫剛剛過去，在華東師範大學圖書館的工作中，為豐富館藏向社會徵集古籍時，無意中和倖存的名門閨秀有了接觸。她以女性作家的敏銳目光，發現這是一個值得深入開採的富礦，從而開始了採訪名門閨秀的艱辛歷程，寫成了一篇篇真實感人的文章，在《上海灘》雜誌上陸續發表，深受讀者歡迎，引起強烈回響。現在即將彙編成書出版，的確可喜可賀。

讀過書稿，掩卷沉思，想到宋路霞女士執意要我為這本書寫序，倒使我感到慚愧。作為一名長期生活在黃浦江邊，並有意於海派文化研究的上海市民，我對上海這座城市的人文歷史，看來是知之甚少，認識也不全面，對於上海灘名門閨秀的情況，更是不甚了了，以致曾經不恰當地以為，她們過著富裕的生活，成天忙於吃喝玩樂。想不到她們的人生經歷也曾如此坎坷，心路歷程也如此複雜，儘管屢屢遭遇不幸，卻始終苦苦依戀著故土，懷著一顆坦蕩而善良的心。例如，以「盛七」聞名上海灘的盛宣懷的七小姐盛愛頤，在與宋子文的恩恩怨

怨中盡展個性，在中國第一樁女權案中大顯風采，在十年動亂中被迫
蝸居汽車間時，仍能保持良好的心態，那手持雪茄煙的優雅風姿極為
傳神。又如，曾國藩的外孫女聶其璧，別看她平時濃妝豔抹，打扮得
花枝招展，關鍵時刻卻身手不凡。抗戰時期她隨丈夫周仁教授（時任
中央工程研究所所長）撤退內地時，要經過香港到越南河內中轉。他
們一行人帶著研究所堆積如山的設備和資料，運輸遇到極大的困難。
在大家都一籌莫展的時候，想不到聶家小姐挺身而出，以熟練的英語
和法語，各處奔走聯繫，指揮若定，使難題──迎刃而解……

　　宋路霞女士的辛勤努力現在結出了碩果，成就了這本很有特色的
《上海灘名門閨秀》，讓我們欣賞到上海城市風景中，一道別具特色
的亮麗馨香，相信一定會受到讀者的歡迎。

2007年12月
（作者是上海大學文學系教授、海派文化研究中心主任，
原上海市文聯副主席）

目錄

曾國藩的外孫女聶其璧

聶家花園最調皮的女孩

　　黃浦江邊靠近霍山路、惠民路的地方，過去有個聶家花園，占地數十畝，是甲午戰爭時期的上海道聶緝槼的家園。

　　聶緝槼由於去世得早（於辛亥革命那年去世），現在的市民不大記得他，只有談到聶家花園附近的聶中丞華童公學（現為市東中學）時，才會想起這位道台大人。而他的夫人卻很長壽，很有名，是民國書法家，世稱崇德老人，比丈夫長壽三十多年。現在人們從藝術品拍賣的字畫展品中，還時常能看到有她題字的畫件。她就是曾國藩最小的女兒曾紀芬。

　　在道台大人聶緝槼去世後的三十多年裏，曾紀芬是聶家花園的領袖，她使聶氏家族人才輩出。關於這個聶家花園，現在遺址雖在，但已面目全非，裏面已經擠滿了密密麻麻的各式民居，而當年裏面只有五棟舊式紅磚樓房和一個網球場，以及偌大的一

曾國藩的外孫女聶其璧

聶其璧的外公曾國藩

個花園，所有的樓房、亭台和池塘都用一道高高的竹籬笆圈圍著，籬內是一個安靜祥和的家園。籬笆的東頭是一個香煙廠。男孩子們調皮，在籬笆上挖個洞，可以爬到香煙廠去偷香煙牌子。大些的孩子喜歡打籃球，所以網球場旁邊又多了一個籃球場，以至於後來竟誕生了一個「崇德聶氏籃球隊」，常在報端刊出賽事。前些年聶家有一個外孫女張心漪（台灣前財長費驊的夫人）在海外撰文回憶說：「外婆家永遠是一座美麗的迷宮，那裏有曲折的小徑，可跑汽車的大道，僅容一人通過的石板橋，金魚游來游去的荷花池，半藏在松林間的茅草亭，由暖氣養著玫瑰、茉莉、菊花、素心蘭的玻璃花房，小孩子隨時可以去取葡萄、麵包的伙食房，放著炭熨斗和縫紉機的裁縫間……其中我最感興趣的是，三層樓上那兩間堆滿箱籠的『箱子房』……」由此可知，這是一處中西合璧的、相當現代的海派園林。

聶緝槼、曾紀芬夫婦有十二個孩子，八個兒子，四個女兒。兒子多半是上海灘有名望的實業家，他們中有上海總商會會長、恒豐紗廠、大中華紗廠總經理聶雲台；中國銀行協理、中孚銀行天津分行經理聶其煒；恒豐紗廠中期的總經理、實業家聶潞生；清末湖南武軍司令官聶其賢；實業家聶其焜、聶其焌……女兒一個個也都嫁得很體面，有的嫁給晚清軍機大臣瞿鴻禨的兒子瞿兌之，有的嫁給吳佩孚的秘書張其煌，有的嫁到湖南嶽常澧道道台家……。

聶其璧的父親、上海道聶緝槼

人們從早期的聶家全家福來看，男士大都一襲長衫，女的一律緊身小襖，圍繞著曾紀芬左右整齊地排開，傳統得令人敬畏。但是總有一個小姐例外，每次照相總是一身花衣花裙，燙著頭髮，一臉萬事不屑的神氣。她就是聶家最小的女兒聶其璧（女兒中行四，又稱聶四小姐，在所有孩子中排名倒數第二），是個絕對反傳統的現代派。

與她的哥哥姐姐不同的是，聶其璧從小沒有讀多少私塾，而是在教會

少女時代的聶其璧

學校上學，認識了不少外國老師和同學。她生性活潑，聰明伶俐，喜歡文藝活動，很討大家喜歡。她的母親曾紀芬也與一般的中國老太太不同，沒有信佛教，而是信基督教。按照聶家的規矩，女孩子晚上是不可以出門的，可是聶其璧不幹，她要出去看戲、看電影、會朋友，她有很多活動要參加，誰說也不聽。一旦院子大門緊閉也不要緊，要麼爬窗子，要麼上牆頭，跳下去就是……她從小喜歡獨往獨來，而且膽大包天，萬事都有自己的主意，不在乎別人對她有什麼看法。中學畢業後，聶其璧已經出落得亭亭玉立了，特殊的家庭背景和一口流利的英語，使她結交了更多的洋朋友，包括來滬的好萊塢電影明星。她喜歡出入社交場合，哪裏熱鬧哪裏去。為此，她母親還特地關照過傭人，要看好四小姐，莫讓她出大門。可是四小姐性格像個男孩子，才不管那一套呢，老太太拿她也沒辦法。

　　她只有在一個場合非常聽話，就是陪母親上教堂做禮拜。她喜歡聽教堂裏的音樂，那優美的旋律像是鎮靜劑，使她的心境平靜如水。她的心神在這時像是升騰了起來，在奧妙無窮的天國裏自由遊蕩……

請宋美齡當儐相之風波

　　聶其璧陪母親上教堂（虹口的景靈堂）做禮拜有一個意想不到的結果，就是認識了宋美齡。因為兩家的老太太都信教，都住在虹口一帶，年紀大了，上教堂都需有人陪。宋家老太太倪桂珍常由宋美齡陪同，由宋子文開車接送（那時他們都已經從國外留學回來）；聶家

老太太曾紀芬就由聶其璧,有時也由媳婦陪同,日子久了,兩家人成了好朋友,小姐、媳婦們相互常有走動,宋美齡也就成了聶家花園的常客。

1923年,聶四小姐要出閣辦喜事了,新郎官是從美國康乃爾大學留學回來,在上海交通大學任教務長的周仁教授(周仁教授的祖母是晚清洋務重臣盛宣懷的姐姐,與盛家的親戚關係很多)。經兩家的老太太商量,邀請尚在閨閣的宋美齡小姐充當儐相。宋美齡爽快地答應了。那一天她穿了一身漂亮的衣裙來到聶家,還帶了一串珍珠項鏈。

聶其璧的母親、曾國藩的小女兒曾紀芬

也許那時的宋美齡還不習慣珠光寶氣的打扮,也許是那串珍珠已久不使用了,總之在聶家對鏡的時候,竟一下子把珠線給扯斷了,珍珠滾散了一地,惹得滿屋子的人都蹲下身去幫她揀珍珠。等她珍珠擺弄妥當,才陪新郎新娘到花園裏去拍照……

這本是兩家人友好往來的一件好事,宋美齡後來與蔣介石結婚是4

年以後1927年的事情。誰知此事傳出去之後，過了四十多年到了十年浩劫的時候，聶其璧的麻煩來了，成了她的一大罪狀。「文革」中的造反派們武斷地認為，不可能是宋美齡為聶家作儐相，一定是聶其璧為拍宋家馬屁，前去為宋美齡當儐相。於是大動干戈，一再審問她與宋美齡有什麼關係。更有甚者，有的造反派連什麼是儐相都不知道，還逼問她：「你跟宋美齡到底是什麼關係？宋美齡為什麼要送你一個『冰箱』（案：儐相的諧音）？」弄得她哭笑不得。

其實那些造反派哪裏知道，當年的聶家是上海道台（相當於上海市市長）之家，遠要比當時的宋家顯赫。聶其璧是道台之女，曾國藩的外孫女，其三哥聶雲台是大實業家，上海總商會會長，真的是有錢有勢。而宋家的聲威是到1927年蔣宋聯姻之後才振起來的。當年宋家老太爺宋耀如已經去世，宋家大姐宋藹齡曾在盛家（盛宣懷家）當家庭教師，那時雖已嫁孔祥熙，但那時的孔祥熙還沒有發達。宋子文從美國回來後的頭幾年，在上海到處碰壁，他追求盛家的七小姐盛愛頤，盛家還嫌他窮。其二姐宋慶齡嫁了孫中山先生，然而辛亥革命後南北對峙，形勢複雜，常在動盪中……如此懸殊的環境，那些造反派根本不瞭解的。

然而「文革」中的聶其璧有口莫辯，因為她和丈夫的結婚照被造反派抄家抄走了。直到「文革」後落實政策，她的親戚蔡粹盎女士（蔡元培先生的女兒。周仁教授的姐姐周峻女士是蔡元培先生的夫人，周仁是蔡元培先生的內弟）從發還的抄家物資中，發現了他們的結婚照，特意給她送來。聶其璧高興地說：「這下可好了，這張照片可

以為我平反了。大家可以看清楚了，的確是宋美齡為我作儐相嘛！」

關於聶家與宋家的關係，原本是朋友，沒有什麼親戚關係，可是「三十年河東，三十年河西」，後來從曾家那頭卻「延伸」過來了一層親戚關係——即曾紀芬的侄女曾廣珊（曾紀鴻的女兒，曾國藩的孫女）嫁給了俞家的俞明頤（晚清道台），生下的兒子叫俞大維。俞大維後來出任國民黨政府的兵工署署長、國防部長，他的前妻是一位義大利鋼琴教師，生下孩子後不幾年就病逝了。這個孩子叫俞揚和（由「洋和尚」的諧音而來），由陳寅恪先生帶回上海，交給俞大維的母親曾廣珊，就在上海讀書、長大。曾家和聶家在抗戰爆發之後都遷到上海西區靜安寺附近居住了，因為歐戰爆發之前上海租界裏相對安全些。曾廣珊是曾紀芬的親侄女，所以兩家走動很勤。抗戰勝利之後，俞大維是復員回滬的接收大員，在聶家的恒豐紗廠的發還問題上還幫過聶家一個大忙。1960年俞大維與蔣經國成了兒女

聶其璧、周仁結婚照，宋美齡（右六）當儐相

親家，俞揚和娶了蔣經國的女兒蔣孝章為妻，也就成了宋美齡的外孫女婿。到頭來，聶家轉彎抹角，還是脫不了與宋家的干係。

獨自去美國看望大明星

聶其璧從小活潑好動，愛好文藝，交了很多外國朋友，不是一般的交往，而是融入他們之中，常參加他們的文藝活動。她曾參加過一個外國人在上海辦的木偶劇團，並且親自製作木偶人。有的較複雜的木偶她自己搞不定了，就請家裏的鄭裁縫幫忙（這個鄭裁縫獨身一人，一直住在聶家，曾紀芬去世後就住在聶雲台家，不知有多少聶家親戚穿過他製作的衣服）。她的這些洋朋友大概有三個來源：一是同學，因為聶其璧在教會學校讀書（讀過聖瑪利亞女中，在啟明女中畢業），同學中不少是洋行大班和高級職員的孩子；二是教會活動，她除了陪母親上教堂，還陪母親在家裏接待來訪的外

聶其璧在聶家花園

國牧師，一到耶誕節或者教會裏的節日，她家就更熱鬧了；三是家庭氛圍。

這個家庭氛圍很重要，因為聶老太爺在出任上海道之前是江南製造局的總辦，最初他家就住在江南製造局裏。製造局出於軍工上的需要，聘請了一大批洋工程師和科技人員，還設有一個編譯局，聘用了一批外國科技翻譯人才長期供職其中，共翻譯了100多部西方科技類圖書。這些洋人中有的人與聶家保持了長期的友好關係。如著名傳教士傅蘭雅，在江南製造局供職達28年之久，他的夫人就成了聶家公子的家庭教師，教聶其璧的三哥聶雲台、四哥聶其煒學英文，聶其璧在旁邊也能「沾沾光」。聶家這種中西合璧的家庭氛圍，就使得她身上的洋派細胞特別多。

她還是個有名的電影迷，非常崇拜美國好萊塢的大明星，一有新片上演，那是必定要去看。1936年卓別林來上海訪問的時候，聶其璧也是參加接待的人員之一。當時有家報紙曾刊出了聶其璧與卓別林在一起的照片，卓別林手裏拿著一支煙，聶其璧正在為其點火，左邊是寶蓮‧高黛（那時還是卓別林的女友）。聶其璧非常珍愛這張照片，可惜在後來的十年浩劫中被造反派抄家抄走了，從此再也沒有返回，聶其璧為此非常懊惱。

1941年，不知是個什麼契機，她決定獨自到美國走一趟，去親眼看望一下她所崇拜的電影明星。那時她已經是兩個孩子的母親了，對電影仍舊那麼癡情，對明星仍舊那麼迷戀，不惜萬里迢迢前去「朝拜」。然而丈夫的工作永遠是非常忙，不可能陪她前去，那她就一個人去！

「文革」以前，她家一直保存著她那次萬里出行的珍貴記錄——一本光彩奪目的老照片集，如果能保存到現在那可不得了了，又是一個中美民間電影文化交流的好「事例」。那裏面有聶其璧與許多好萊塢大明星的合影，有與《亂世佳人》的男主角克拉克·蓋博、《蘇伊士》的主角泰羅·鮑華、《羅賓漢》的主角艾洛·弗林的合影；有與《末代艷后》的女主角、有電影皇后之譽的瑙瑪·希拉、《魂斷藍橋》的男主角羅拔·泰勒的合影；還有後來成為美國總統的勞納·雷根以及當時還是童星的秀蘭·鄧波兒等等。還有些電影明星聽說她是專程為看望他們從遙遠的東方來的，就主動拿出自己親自簽名的照片送給她。

想必她那次是美美地在電影明星中泡了一陣子，過了把癮，離開美國後還去了法國，以至於若干年以後只要談起那次壯舉，就特別興奮。不過那次她還是冒了點險，當時就有人警告她，要打仗了。果然她剛回國不久，第二次世界大戰就爆發了。

飯桌上小小的「戰爭」

一個從小被全家人寵愛、玩慣了的四小姐，婚後能不能適應家庭主婦這個角色的轉變，家裏人都有些擔心。誰知四小姐很自然地、一眨眼就成長為一家之長了，而且能非常認真地教育孩子。當然，有時候也「教育教育」丈夫。

她的丈夫周仁先生是我國著名的冶金專家和陶瓷專家，中國科學社和《科學》雜誌的發起人之一，早年考取清華庚款，與胡適、竺可楨、趙元任、張彭春等著名學者同批留學美國，入康乃爾大學學習機

械和冶金專業，回國後擔任上海交大
教授兼教務長、中央研究院院士兼工
程研究所所長，抗戰時期還在昆明辦
過煉鋼廠，解放後出任中國科學院華
東分院副院長、上海科技大學校長、
冶金研究所所長，還有許多其他的社
會職務，如全國第一、二、三屆人大
代表。周仁教授每天早出晚歸，工作
非常之忙，只有吃晚飯的時候全家人
才能聚在一起。晚飯後丈夫還要去忙
工作。

　　四小姐心疼丈夫，總是設法弄些
有營養又好吃的小菜給丈夫吃。但是，
這個「有營養又好吃」的標準是她一個
人定的。她是湖南人，丈夫是江蘇人，
她喜歡帶點辣味，丈夫喜歡帶點甜味，
她認為好吃的東西丈夫未必覺得好吃。
但是周仁教授永遠是個模範丈夫，溫文
爾雅，服從「管教」，一般情況下，夫
人說是「好吃」，他也總是說「好吃」
的，沒有二話。在丈夫不主動夾菜的情
況下，妻子就主動把她認為好吃的菜往
丈夫碗裏夾。

聶其璧、周仁夫婦與三個孩子

通常這種情況下，周仁教授都是忍受了的。有一次不知為什麼，教授先生竟然反抗了，說是「我不要吃。」

四小姐不同意：「為什麼不要吃？這很好吃呀！」

丈夫還是那句話「我不要吃！」

「那不行，不要吃也要吃！」她的話永遠是命令。這時她像教育兒子一樣教育丈夫，並且繼續為他夾菜。

在一邊往嘴裏扒飯的兩個兒子看不下去了，一起為老爸幫腔：「爸爸說不要吃就不要給爸爸吃了嘛！您為什麼一定要爸爸吃這個東西呢！」

「咦！他以前說是好吃的呀！」當媽媽的不服氣。

「那人家現在覺得不好吃了呀！」兒子們難得大聲地對媽媽講話，繼續立場堅定地支持父親。

當母親的仍不讓步。

可是當父親的這時反而沒有聲音了，他見孩子們也捲入了「戰爭」，不得了，事情要鬧大了，為了息事寧人，就趕快把夫人執意要他吃的那個菜囫圇吞棗地咽下去了。這一招真靈，大概是解決「戰爭」的最好辦法，兩個兒子沒話說了。

可是四小姐還不甘休，她還要爭回這個理，指著丈夫說：「你們看，他不是很喜歡吃嗎？他不是很喜歡吃嗎？」。

弄了半天，反倒是兩個兒子的不是。

關鍵時刻顯身手

聶其璧平時總是一身花枝招展，濃妝豔抹，在上海街頭一片藍灰色的年頭，她依舊是連衫裙，燙頭髮，走在馬路上無論是衣飾還是舉動，都很誇張。淮海路上的麵包房和咖啡店的老闆，沒有不認識她的，夥計們都親切地喚她「美國外婆」。她有一個情趣很相投的親戚，是盛宣懷的七小姐盛愛頤（周仁教授的祖母是盛宣懷的姐姐，周仁叫盛愛頤是阿姨），她們經常一起出入西菜館和咖啡館，夥計們喚盛愛頤是「上海外婆」。淮海路常熟路口過去有一家西菜館，是她們常常光臨的地方，常常吃過以後還要大包小包地買些西點帶了走，有時帶了一大群人前去打牙祭，末了總是她買單，所以很受店夥計歡迎。

不瞭解她的人以為她只會吃喝玩樂，其實不然，她大事情頭腦極其清楚。她不是那種只會在家裏婆婆媽媽，大事拎不清的人。她只是小事不上心，不屑於去計較，而到了關鍵時刻才「該出手時就出手」的。

抗戰時，整個國民黨政府機關撤退到內地，她隨丈夫輾轉大西南，歷盡千辛萬苦。她識大體，顧大局，不僅沒有怨言，關鍵時刻還能幫上丈夫的忙。那時周仁先生主持的中央研究院工程研究所要內遷，大量的儀器設備和書刊資料裝成若干個大箱子，先乘船運到越南的河內，然後再轉火車到昆明。戰時的火車站大概是最亂的地方，除了難民還是難民。何況國民政府機關整體要內遷，也動員一些重要的工廠和企業內遷，運輸的緊張是可想而知的，誰有「路子」誰就有車

皮，沒有「路子」就乾等吧，等到什麼時候鬼才知道。火車站裏軍人和難民鋪天蓋地，誰也不來理會這幫書生。工程研究所的大小箱子堆在火車站的站台上，簡直像座小山，誰也沒有辦法把它們運走。

工作人員當時還面臨一個困難，因為越南長期被法國人統治，火車站系統通行法語，主要管事都是法國人，不會法語就無法辦事。聶其璧知道後挺身而出，她英語、法語都內行，幫助丈夫一起想辦法。她東一個電話，西一個電話，一會兒找站長，一會兒找朋友，在火車站上指揮若定，好像是一位不得了的大官，結果不多時就被她搞定了。火車站終於調撥來幾節車廂，幫助他們很快把東西運走了。周仁先生和研究所的同事真是謝天謝地，一時愁雲散盡，大家不得不對這位漂亮的夫人刮目相看。

十年浩劫當中，他們夫婦的處境是可想而知的。當時周仁先生已經身患重病，無力面對衝到家裏來的造反派，這時又是聶其璧挺身而出，代替丈夫回答

聶其璧的丈夫周仁是著名的冶金專家

那些根本就是莫名其妙的問題。在被逼得實在沒有辦法時，她就以哭來表示對抗。她沒完沒了地哭，哭得昏天黑地，造反派反而拿她沒辦法。

永遠的大家風範

聶四小姐跟她母親一樣長壽，也活到了九十歲。關於她長壽的原因，她的親戚們認為是與她心情開朗，萬事想得開有關係。抗戰中兵荒馬亂的，他跟丈夫先輾轉去了昆明，留下兩個正在讀書的兒子跟學校轉移。她堅信兒子們在艱苦的環境中會得到磨練，沒有給他們額外的照顧。大兒子周麒跟同學們一起，步行兩個多月才走到四川重慶，一路上吃了很多苦，也冒過很大的風險。聶其璧覺得很正常，認為這是孩子們難得的人生經歷和精神財富。

她性格好動，感情豐富，好打抱不平，親戚和朋友中無論誰有錢沒錢，她一視同仁，毫無勢利眼。一旦發現誰受了冤枉和欺負，她不可忍受，一定是拔

全家福。大兒子周麒（後排右一）是上海交大教授、著名橋牌專家

刀相助。粉碎「四人幫」後的頭幾年，周仁教授已經被有關單位宣佈平反，落實政策，聶其璧的處境已經大有好轉，而且每週有一天可以免費使用一輛公車。而她的阿姨盛愛頤仍舊住在五原路一棟房子的汽車間裏，沒有落實政策，而且盛的兒子被分配到安徽一個山村，女兒大學畢業後被分配在福建工作，她已年邁，孤單一人，生活有不少困難。聶其璧認為這不公平，決心幫助她。在盛愛頤的女兒莊元貞來滬探親時，就用她的公車帶上她們娘倆，直奔市委統戰部。

那時市委統戰部還在南京西路青海路對面的一棟老洋房裏（現歸春蘭空調公司使用），她下車後直奔部長辦公室找部長。可是統戰部長那天不在，辦公室的人看她來頭很大，一身海外華僑的打扮，口口聲聲要找部長解決問題，誰也不敢得罪她，還倒茶好言相待。跟在她後邊的盛愛頤和莊元貞看傻了，因為她們多年來總是受人訓斥，很久沒有受到這樣的款待了。從市委統戰部出來後，她又帶她們去市僑聯反映情況，要求落實政策，那急切的勁頭，好像應當落實政策的不是盛愛頤，而是她聶其璧似的。後來在她和其他親戚的積極推動下，盛愛頤的女兒終於回到了母親身邊。

1987年，為紀念和表彰周仁教授為國家作出的重要貢獻，上海市人民政府在冶金研究所的花園裏，為已經逝世的周仁先生豎立了銅像。在有關單位組織的周仁先生銅像揭幕典禮上，時任上海市市長的江澤民同志也趕來參加了，向她表示慰問。她當時已經87歲了，坐在輪椅上，由大兒子周麒推著，一點也沒有受寵若驚的樣子，該怎麼著就怎麼著。

段祺瑞的外孫女袁迪新

一個人用了八個奶媽

　　袁迪新是段祺瑞的三小姐段式巽的獨養女兒，生在袁世凱的老家——河南彰德袁府。她的曾祖父袁世輔是袁世凱的弟弟，排行老五，袁世凱是老四。袁家兄弟共六個大概沒分家，都焐在那「豪門深深深幾許」的、不知是七進還是八進的袁家大院裏。

　　袁迪新的祖父袁克莊28歲就去世了，他生前做過什麼事情人們早就淡忘了，但是對於袁家來說，他還是做了一件非常重要的事情，那就是為他那當時還沒出生的兒子指腹為婚。當時袁克莊在北京和天津一帶宦遊，結識了袁世凱幕府裏的許多要人，段祺瑞其一也，於是乎稱兄道弟，非常熱絡。說來也巧，他們兩位的太太差不多同時懷上了孩子。有一天這兩個老爺兒們湊在一起「密議軍機」，酒過三巡後頭腦發熱，竟盤算起太太肚子裏孩子的終身大事：「只要這兩個孩子生下來一個是男的，一個是女的，那他們

段祺瑞的外孫女袁迪新

袁迪新的外公段祺瑞（前坐者）1933年
在上海。段公後面是吳太夫人的弟弟、
曾任陸軍總長的吳光新

就是『法定』的夫妻，咱們袁、段兩家就是『法定』的親家！」

段祺瑞原本就是袁世凱的親信，而且是袁的女婿（段祺瑞的元配吳氏去世後，第二年袁世凱就把自己的義女張佩蘅許配給他，段家後輩稱之張太夫人），這回他們要親上加親。

不久上帝成全了他們，段家生下一個女兒名段式巽，袁家生下一個兒子名袁家騮，兩家重提舊事，誰也不賴賬。只是兩個孩子有點小小的彆扭，段式巽比袁家騮早生下來一個月，長得胖胖大大，敢哭敢叫，性格潑辣；而袁家騮晚生一個月，個頭矮小，老實乖巧，大了管段式巽叫三姐，整天跟在三姐後面轉悠，一切聽三姐的。這樣一對夫妻，似乎有些陰陽失調。但是「法定」了的事情是不容改變的，於是「陰陽失調」的格局後來就貫徹了他們一輩子。他們成年後的一個黃道吉日，段式巽嫁到了河南彰德袁府。他們的唯一的孩子就是袁迪新，生於1922年，小名織姑。

　　那時袁家賴以依靠的大樹袁世凱已經去世好幾年了，在京城裏已經風光不再，但是在河南彰德，還有很大的世面。袁迪新6歲以前跟父母住在彰德，她沒見過祖父，因祖父死得早，那時曾祖父袁世輔還活著。曾祖父喜歡抽大煙，還喜歡吃蠶寶寶的蛹，常拿著一根煙籤子挑一個蠶蛹在煙燈上烤，烤熟了就吃下去，高興時也叫小織姑來一起吃。

　　曾祖父有一房正式的太太，兩個姨太太。三個女人只生了一個兒子袁克莊，袁克莊也只生了一個兒子，就是袁家鼐，而袁家鼐這時只有一個女兒袁迪新，三代都是單傳，袁迪新受寵的程度可想而知。袁迪新的母親奶水少，袁家就張羅著找奶媽，一連換了八個奶媽，才算把小織姑的胃口搞定。

　　有一次曾祖父的小姨太帶她去袁府大院外面去玩，一路上遠遠望去，地裏全是盛開的鮮花，她高興極了，伸手要摘。那小姨太說，不要摘，那花有毒，一掐就流白水，沾在手上要爛手的。後來她才知道，那是用來製做鴉片煙的罌粟花。袁家老爺子都抽鴉片，罌粟花自然開得鋪天蓋地了。

　　袁迪新六歲的時候曾祖父死了，曾祖母和大姨太哪裏去了她不知道，只知道那個小姨太從此以後跟他們一家生活了。曾祖父去世時，小姨太才十八歲，其實原先是袁家買來的丫頭，後來被老爺「收了房」，名份上是姨太太，其實她在袁家的地位始終是丫鬟，年齡比袁迪新的媽媽還小。袁家老太爺死了她就服侍孫子，孫子死了就服侍曾孫女，曾孫女袁迪新有了孩子後，就幫著帶玄外孫，她直到1976年粉碎「四人幫」那一年去世，享年八十多歲。她叫董禮然，名字挺高

雅，不知是不是袁家給改的名字。她十八歲守寡，再沒嫁人，一輩子吃素，為袁迪新帶了四個孩子，在袁家共服侍了四代人。

所以在十年浩劫的時候，造反派給袁迪新扣的「帽子」是：「多重的地富反壞右的孝子賢孫」，理由是：她是段祺瑞的外孫女、袁世凱的曾侄孫女，還長期養活著曾祖父的姨太太……

纏綿的愛情和無奈的婚姻

袁迪新6歲那年曾祖父去世了，他們一家就搬到了天津，因為她母親段式巽在娘家最受寵，在大城市生活慣了，有機會就往娘家跑。他們住在天津日本租界須磨街上的段府，那房子是老段的學生魏海樓（段祺瑞手下的一個師長）讓給段家住的，是一處很大的院子，有前樓、後樓、側樓、球場、花園，前樓大些，後樓小些，中間還夾著一個大廚房。

段祺瑞寵愛三小姐，把他們一家安排在前樓和自己一起住，還給外孫女袁迪新請來了家庭教師，教她讀書寫字。袁迪新的小學就是在外公身邊讀的，而且身邊從來不缺零花錢，只要向外公彙報說今天功課做得很好，那一定得到一塊錢的獎勵。外公要是看見誰家的女孩兒腳上的花鞋好看，就會關照管家，給小織（袁迪新的小名叫織姑）買一套來。所謂一套就是大號、小號、中號等一長串，以至於小織姑常抱怨，怎麼人家的鞋都有別的花樣的，我的鞋怎麼總是一個花樣的？

1933年年初，蔣介石請老段「南下頤養」的時候，他們一家以及其他幾個姨媽姨父，還有段祺瑞的侄子段宏綱一家，都隨之來到了上

海。老段家只有大兒子段宏業一房留在了北方，因為北方還有不少事情要照顧，尤其是段家還有一個井陘煤礦（在娘子關附近）需人打理。

不知是什麼原因，袁迪新一家到了上海後還曾回過北京，在段祺瑞的老宅——「空府」裏住過一段時間，直到段祺瑞1936年在滬去世後才又回到上海。北京的「空府」是個占地80餘畝的大宅院，裏面有很多房子，那時候只住了段宏業一家、段三小姐一家和一些親戚。段宏業家眷很多，有很多姨太太和八個孩子（據說姨太太還不止八個），而段三小姐只有袁迪新這麼一個孩子，而且長得聰明伶俐，很討人喜歡，無形中成了公子哥兒們追逐的對象，而袁迪新只喜歡跟二表哥段昌義一起玩。

關於這個段昌義，外界有很多傳說，傳說是段宏業跟外國老婆生的，而外國老婆在哪裏，不知道，反正段昌義成了沒娘的孩子，沒人疼愛，在大家族裏顯得很孤獨。其實他跟段家沒有血緣關係，是段宏業的二姨太的姐姐的孩

段祺瑞（前排居中）1933年到滬後，受到社會各界隆重歡迎。前排右一葉恭綽、右五張繼、右七虞洽卿、右九許世英、左一王曉籟；後排左二王寵惠、左五杜月笙、左六張群、左十吳鐵城

子，二姨太的姐姐後來跟一個外國人出國了，把孩子送給了妹妹，就權當是段家的孩子了。

袁迪新最初是出於同情心，覺得段昌義挺可憐，沒人願意睬他，就主動與之接近，能給他帶來點愉快，也就是自己的愉快了。段昌義原本在家族中是個多餘之人，在有的場合家人還常把他忘記。有的兄弟還認為他分享了父母的關愛，對他很嫉恨。偏偏他讀書很好，談吐和風度也不錯，在段家公子中很突出，這就更令人嫉恨了。他很喜歡袁迪新這個小表妹，好學上進，富有同情心，沒有富家小姐的嬌氣和傲氣，與之又談得來，不知不覺中萌生了愛情。後來他考上了南開大學，袁迪新在北京讀貝滿女中，他們幾乎隔一天就有一封情書往還。再後來袁迪新跟父母到了上海，他們依舊魚雁不斷，日子久了，袁迪新的信已經裝滿了一個抽屜。

段三小姐知道女兒跟段昌義的交往，起初並不反對，當著段昌義的面，還答應把女兒許配給他。可是不知怎麼

中年袁迪新

回事，段三說話不算數，說反悔就反悔
了，後來一定要女兒嫁給一個大她10
歲的徐某，理由是男的大些會疼老婆。
其實袁迪新知道，那是母親和徐某的母
親搗鼓的結果，她們常在一起打麻將，
是麻將桌上敲定的「交易」。

　　段三小姐從小被老段寵壞了，脾
氣大得很，她決定了的事，幾乎無人
能改變，有時為了一碟小菜不好吃，
她居然會跑到廚房裏搧廚師的耳光。
丈夫袁家騮在她面前甘拜下風，歷來
只有絕對服從的份兒。她只有女兒而
沒有兒子，就想過繼一個兒子，但事
先又沒有講清楚，只是說把一個親戚
的孩子抱來家玩幾天。等人家上門來
要孩子了，她竟對人家說：「你們要
把孩子抱回去，除非拿槍先把我打
死！」對於女兒的婚事，她的話更是
一切，不容置辯。於是就苦了袁迪新
了，她剛20歲，還是上海震旦女子文
理學院的學生，僅讀了兩年就不讓讀
了，她拗不過母親，嫁人了。

袁迪新婚紗照

這下段昌義苦了，沒有人為他講話，也沒有人理會他的悲哀。他跑到上海要見織姑一面，被段三一口回絕。灰心喪氣之餘，他索性當兵去了，遠遠地離開段家這個令他傷心的大家族。

可惜那個大袁迪新10歲的徐某，並沒有預想的那樣懂得疼老婆，倒是很懂得消費袁迪新帶來的鈔票。對於袁迪新來說，徐某這個丈夫簡直像個父親，整天板著個臉，動不動就像教訓小孩子一樣訓斥袁迪新，這令她非常難過。抗戰中他們到了內地，在貴陽、昆明、桂林、緬甸、重慶等地遷播不定，這期間經常要跑警報，他們有了兩個孩子，女兒就生在桂林的防空洞裏。可是就在這樣的情況下，徐某竟把老婆孩子扔在了重慶，一個人到美國去了。

再說段昌義那頭並沒有把舊情人忘懷，小織姑過去寫給他的信他一封也沒丟。當他聽說袁迪新的困境後，立馬趕到了重慶，他要把她帶走，包括兩個孩子，他要跟她重新走回過去。可是袁迪新不是當年的小織姑了，她已經身為人婦，傳統的道德觀念，使她不敢越出雷池一步。

終於，段昌義還是無奈地走了。抗戰勝利後他去了台灣，再也沒有回來。

而到了美國的徐某在美國站穩腳跟後，就提出離婚。這時候，段昌義沒有重新出現，而出現了另一個好心人吳紹球，他是中國銀行的職員，願意與袁迪新共挑家庭重擔。儘管袁迪新的母親反對，這回袁迪新決心自己拿主意了。1950年，袁迪新賣了首飾，在上海建立了新家。後來幾十年的風風雨雨，他們夫妻相攜一同走過，白頭到老。

若干年後有親戚從台灣來，對袁迪新說：「段昌義好可憐，他到很晚才結婚，他一直惦記著你……」

半年「軍調處」，十年挨批鬥

抗戰勝利之後（1946年），一個偶爾的機會，袁迪新來到北京，在設於北京協和醫院內的「軍調處北平執行處」下屬的新聞處當翻譯。「軍調處」由國共兩黨和美國代表三方面人組成，主要任務是調解國共兩黨的關係，共產黨方面的代表是周恩來，國民黨方面是張治中，美國方面是馬歇爾將軍，史稱「三人軍事小組」。而在北平執行處的三位首腦人物，共產黨方面是葉劍英，國民黨方面是蔡文治，美國方面是馬丁。

北平執行處新聞處的翻譯只有三個，二女一男。袁迪新是很受矚目的一個，她從小在家時就跟家庭教師學英語，中學和大學讀的都是教會學校，英語基礎非常好，所以文件到了她手裏，

袁迪新、吳紹球結為伉儷

袁迪新老師

很快就能處理完畢。她的任務主要是把中文新聞稿件（大多都是各地的戰報）以最快的速度翻譯成英文，供外國新聞記者取用。因為她工作積極認真，待人熱情，長得又漂亮，在那個政治氣氛很緊張的地方，顯得非常出眾。

新聞處為了聯絡各方人士，每個週末都在北京飯店舉行招待舞會，袁迪新成了很受歡迎的舞伴。葉劍英同志多次邀其一起跳舞，對她說：「袁小姐，你很漂亮！」蔡文治先生也曾邀其一起跳舞，還對她說，他想在北京成個家，請她幫忙介紹女朋友。

當時蔡文治是國民黨軍隊中號稱最年輕的將領（人稱貝貝將軍），只有三十來歲，長得風度翩翩，一表人才。其實他在老家已經有了家室，也許他只是一時高興，心血來潮，故意在袁小姐面前歎苦經。袁迪新天真爛漫，不明就裏，真的為其介紹女朋友了。結果把她的好朋友、當年貝滿女中的同學吳佩琪（滙豐銀行天津分行買辦吳調卿的孫女，在家排行老九）介紹給他。沒想到這下

全家福

反而弄假成真了。蔡文治非常喜歡吳佩琪，因其年輕活潑，青春煥發，將軍加美人，好像天生一對。後來他們真的在北京結婚了，結婚時袁迪新的女兒還去當小儐相。

若干年後（20世紀80年代）蔡文治夫婦從美國回國探親，受到葉劍英同志的接見。他們託人帶話給袁迪新，想跟她見見面，可是袁迪新當時正在醫院裏為丈夫的病而發愁，無心他顧，錯過了一次共話當年的機會。

關於她在軍調處新聞處當翻譯的事情，總共只有半年時間，因為這個北平執行處總共也就存在了一年時間。從宏觀上講，因為馬歇爾的調停失敗；從直接原因講，還受了沈崇事件的衝擊。1946年12月24日，美國士兵強姦女大學生沈崇事件案發，北京市民中反美情緒頓時高漲，上街遊行的市民舉著「美國鬼子滾回去！」的標語和橫幅，把協和醫院的大門口堵了個水洩不通，軍調處新聞處的人都嚇得不敢出聲，只有幾個頭頭在忙著打電話，直到夜深人靜之後，才一個個從後門溜走。一個月後，美國方面宣佈退出調停，中國方面也宣佈撤銷軍調處。袁迪新也就回到了上海。

關於這段經歷，袁迪新在解放初財經學院工作時，都向組織交代了，還寫過書面的材料。那時搞思想改造運動，人人都要寫個人的經歷。想不到到了「文革」期間，造反派據此硬說她是美國特務，逼她交代跟王光美的關係，大會鬥，小會批，其實她跟王光美根本沒有關係，她只是一個翻譯而已，為此造反派還去北京和南京大搞外調，弄得她哭笑不得。

袁迪新的外婆張佩蘅（前坐者）與兒
女、女婿們在上海淮海中路舊宅合影。
右三是袁迪新的母親段式巽，左三是她
的父親袁家騮

「洪憲瓷」那時才值5000元

當年袁世凱要當皇帝的時候，他的
部下為拍他的馬屁，為之到景德鎮燒製
了兩套細白瓷的專用餐具，就是後來傳
得沸沸揚揚的「洪憲瓷」。「洪憲瓷」
一套有數百件，每一件都用白紙包好，
放在一個專門的大箱子裏，其中有一種
中型的盤子，每個盤底還鑲嵌了一枚袁
大頭銀元。不知什麼原因，這兩套中有
一套到了老段的手裏。老段最喜歡三小
姐（袁迪新的母親），在她出嫁時就作
為陪嫁送給了她。

這套珍貴的餐具在三小姐手裏最
初並不很當回事，只要有客人來就拿
出來用，時間長了也打碎了一些，後
來聽說很值錢，才包包好，不用了。
到「文革」爆發時，還有二三百件。
當紅衛兵衝進家來抄家時，這箱「洪
憲瓷」正放袁迪新家的桌子底下，紅
衛兵看到了，翻開看看，不過是些罈
罈罐罐，根本沒當回事。倒是對她們
保留的段祺瑞的軍裝和勳章等東西，

以及家裏的手錶、首飾很感興趣，統統用車子拉走。等紅衛兵走後，袁迪新和母親害怕出問題，趕緊把那套「洪憲瓷」上交政府部門，同時上交的還有兩套銀台面。

粉碎「四人幫」以後清理抄家物資，「洪憲瓷」又回到了袁迪新家裏。但是有人勸她們最好還是賣給文物部門吧，省得放在家裏也是個「定時炸彈」，說不定什麼時候又要出問題。她們母女經過這樣一場「文革」運動，早成驚弓之鳥，只要有人要就請出門吧。說是能給五千元錢，五千就五千吧，能換個安寧比什麼都好。「洪憲瓷」就在這種情況下，再次被搬出家門。

袁迪新的父親袁家騤解放後不久去世。他一輩子沒幹過什麼事，生活上主要靠吃遺產，後來遺產也吃光了，每月就向妻子要零花錢，這些零花錢多半都去買了戲票了，他很喜歡京劇，是個終身票友，也是個終身的花花公子。袁迪新的母親段式巽活到92歲高齡（1992年去世），生前是上海文史館的館員，受到政府的款待，每月有固定的薪金。她喜歡中國古典文學，尤其是詩詞和國畫，曾請了晚清時代的舊文人來家講解《左傳》和《聊齋》。她跟汪聲遠先生學畫，學習石濤的潑墨筆法，所以無論他們家搬到哪裏，房間裏總有她一個大畫桌。整天來往的不是前清遺老，就是國學根底很深的老學究。這些對袁迪新無形中也有很大影響，以至於袁迪新至今隨便拿起筆來，那一定是橫平豎直，毫不馬虎的。

袁迪新到老了還是性格很活潑，喜歡跟學生們在一起，她覺得只要跟學生在一起自己就覺得年輕。錢多錢少，好話壞話，外面物價漲價不漲價等雜事，她不是很上心，只是專心於她的工作。解放後她當

了幾十年中學英語教師，先在延安中學，後到廣中中學。由於她口齒清楚，熟悉學生的情況，教學效果好，多次被推上公開課。1979年退休後也不得休息，又先後被請到上海大學、財經大學、中華職業學校、上海市第一職工業餘學校、僑聯業餘學校等學校教授英語。76歲以後，年紀大了外出不方便，就辭去了各校的差事，在家個別輔導前來求教的學生，這樣一教又是好幾年，直到眼睛出了毛病方罷。

現在她已經86歲了，仍舊保持了一顆年輕的心，不僅關心時事，還關心世界盃足球，有時竟半夜起來打開電視看球。平時常有學生打電話向她請教問題，拎起電話，她的聲音仍舊那麼年輕、爽朗，笑起來，還是一串銀鈴聲……

老有所樂

李瀚章的孫女李國秦

李家小姐十姐妹，個個都是一本書

李鴻章的哥哥李瀚章有十個女兒，還有十個孫女。十個女兒大多跟上海沒有什麼關係，只有最小的女兒嫁到上海，是曾國藩的外孫媳婦，即晚清上海道聶緝槼、曾紀芬夫婦的兒媳婦李敬萱（丈夫聶其煐）。而十個孫女大多都生活在上海，而且，每個人都有一番不同凡響的經歷。

比如李國奎（交通銀行第一任總理李經楚的大女兒），出生在上海虹口，但是從年輕時就開始長途播遷，曾跟著父親南下過廣州，跟著丈夫北上過黑龍江，住在北京時與慈禧太后的堂兄弟是鄰居，竟把皇室的小姐「引進」了李家（台灣著名作家唐魯孫的姐姐嫁給了李鴻章的曾任孫李家煒）；住在哈爾濱時遇到過強盜上門；在滿鐵上行駛時遭遇過火車挨炸彈……儘管一生奔波，她還是把兩個兒子培養成了著名的科技人才。

又如李國籌（山東巡撫衙門的洋務文案、師範學堂監督李經湘的女兒），把合肥李家與壽州孫家豪門聯姻的「文章」發揮到了極至——她的一個姑媽嫁給了孫家鼐的侄子孫傳樾，她本人嫁給了孫傳樾的一個兒子孫多鈺（北洋政府時的交通部次長），她又介紹她的三個外甥女分別嫁給了孫家的三兄弟，即香港麵粉廠的老闆孫麟方、孫麒方和上海阜豐麵粉廠的孫臨方。

又如李國彩（晚清直隸州知州李經滇的女兒），在上海培成女中畢業後就嫁人了，丈夫是美國哥倫比亞大學的哲學博士，回國後任雲南教育廳廳長的盧紹宏，她就跟著丈夫遠赴南疆。丈夫是著名的教育界人士，後來調任中央大學法學院院長，又任上海大夏大學校長和內政部禮俗司司長，他們才返回上海。解放前夕，她的兩個妹妹李國綺和李國綬都跟著丈夫到台灣去了（兩個妹夫一個是民國政府考試院副主委，一個是中國銀行稽核處處長），而李國彩夫婦決定留在大陸，為新中國服務，姐妹從此天各

李國秦的祖父李瀚章（右）與叔祖李鴻章

一方。一晃半個多世紀過去了，作為有
眾多海外關係的高級知識份子，多年來
盧家的日子過得很不輕鬆，儘管如此，
李國彩卻成了十姐妹中最為長壽的一
位，活到105歲，生前住在延安中路四
明村。

　　十姐妹中現今還有一位出名的百
歲老人，年齡僅比李國彩小一歲，她
就是李瀚章的第七個兒子的大小姐李
國秦。

「八字」不合，捨「馬」就「張」

　　李國秦的父親是李瀚章的第七
子，名李經灃（1881－1941），是晚清
時的國學生，曾在陝西當縣太爺，歷
任陝西長安、長武、富平、岐山等縣
的縣官，所以給兩個女兒取的名字都
與陝西有關，大的叫國秦，小的叫國
邠。民國後他沒有像李鴻章的兒子李
經方和李經邁一樣「不食周粟」，而
是採取了務實的、靈活的處世態度，
辦過稅務，還當過揚州揚子鹽棧的棧

李瀚章的孫女李國秦

李國秦與父親李經灃、弟弟李國光

長，這都是些世人視為「肥缺」的差事，可知日子過得很悠哉。他前後有過兩位夫人，李國秦、李國邠的生母是杭州城裏有名的美人，富商吳家的小姐吳靜宜；繼室諸詠琴是浙江諸暨人，生下一個兒子，就是現在香港國光船務有限公司的老闆李國光。

李經澧一家在辛亥革命之前就到了上海，可能跟李瀚章曾任浙江巡撫有關係。那時在上海的李家人主要集中住在兩個地方，一處是虹口，一處是跑馬廳以西（據說就在原先跑馬廳的馬棚附近）。李經澧雖說身處十里洋場，也一直都在官場上做事，但封建觀念還很重，對女兒的讀書並不很看重，而對女婿的要求則很高，所以儘管國秦、國邠姐妹都先後進入了中西附小和中西女中讀書，但是中學還未畢業就不讓讀了，要女兒們待在家裏，等著人家上門來說親。

嫁女兒李經澧是要看雙方的「八字」的，「八字」不合絕對不行。除了「八字」還另有標準——他並不要

李國秦的父親李經澧（桌上的那只法國琺瑯鐘是慈禧太后賜給李瀚章的，一套12個。李瀚章給他11個兒子每人一個，自己留一個）

李國秦（右）與妹妹李國邠

求女婿有多高的學歷，但要求女婿要有文采，要前來「應試」的女婿當面寫毛筆字，當面草就一篇命題作文。那時李家的門風還是有不小影響的，被他開涮的女婿人選不知幾何。終於，一個合適的人選被挑中了，他就是李家的安徽同鄉、家境原先貧寒的桐城人馬兆昌。

馬兆昌的父親是個精明能幹的工匠，在桐城很有名望，但他不滿足於鄉間的小打小鬧，受時代潮流的鼓動，懷揣著僅有的一塊銀洋闖了天津。他舉目無親，也沒有熟人，就住在天津安徽會館裏，四處打零工。後來人家看他手藝好，就推薦他到大實業家、兩江總督周馥的兒子周學熙的門下幹活兒，這下他的才幹才算有地方發揮了。他不僅手藝活兒幹得好，算盤也打得極好，能用原始的計算方法，準確地算出建築所需的各種用工用料，周學熙大喜，後來在創辦啟新洋灰公司和北京自來水公司搞基建時，他成了主要功臣之一，從此在天津紮下了根。馬兆昌承繼了父親的數學細胞，聰明過人，在銀行裏工作，而且一手蠅頭小楷寫得簡直就像是刻印出來似的。李經澧看了非常高興，決定敲定這門婚事。

可是事不湊巧，人好了「八字」卻不行了，推算下來跟李國秦的「八字」「相剋」！可是李經澧又捨不得放棄這樣一個人才，於是大女兒不行就「出台」二女兒，結果李國邠就先姐姐嫁人，1923年，成了馬家的媳婦。

李家的女兒是不愁嫁的，大女婿很快又有了最佳人選，他就是從美國留學回來的，後來當了宋子文的助手、出任國民政府財政部關務署署長的張福運。

張福運是山東福山人，運氣的確不錯，考取了清華大學預備班，與胡適、趙元任等一樣，成為庚款赴美留學的才子之一。他在哈佛大學讀法律，與宋子文是同學，回國後先是被北洋政府交通部看中了，當過交通部航政司司長、北京交通大學校長。在北京交大當校長時，被李家的一個親戚「抓住」了，他就是跟李家有多重姻親關係的安徽壽州孫家的孫多鈺（夫人李國篝）。孫多鈺也是美國留學生，原先在上海，任滬寧、滬杭鐵路管理局總辦，後來到了北京和天津，當過北洋政府交通部次長、開灤煤礦總經理、通惠實業公司總裁，是孫氏家族集團的後期主持人，他認為張福運是個人才，於是向李家老太爺推薦。李經澧與之見了一面，印象不錯，竟一次性通過。1924年，已經35歲了的張福運，娶了22歲的李國秦為妻，兩人相差13歲。

　　1927年國民黨北伐成功，定都南京，宋子文當上了財政部長，組織班底時，張福運喜得高升。那時財政部下屬三大署：稅務署（管稅收）、關務署（管海關）、鹽務署（管鹽務），張福運當上了關務署署長，主管全國海關，頓時成了灼手可熱的大人物。那時全國最大的海關就是上海的江海關，所以儘管財政部設在南京，而關務署卻設在上海；第二大的是天津的津海關，所以天津他也經常要去。

　　因此張福運夫婦就在上海和天津兩地都買了地，造了房子。在天津的房子是在常德道2號，占地六畝（解放後成為天津市委第二招待所）；在上海的房子建在復興西路140號，一棟小樓，三畝多地，有網球場和游泳池（解放後由政府代管，成為上海警備區部隊首長宿舍），李國秦就成了這兩棟豪宅裏的女主人。

貴婦人的富貴與災難

　　李國秦與她妹妹李國邠的性格絕然不同，妹妹性情溫和，遇事總是謙讓，謀求大家一團和氣，是典型的賢妻良母，而李國秦性格豪爽，快人快語，辦事麻利，說一不二，遇事很有主見，除了婚姻必須由父親作主外，其他一切事情均自己說了算。當上關務署署長太太的李國秦，並沒有像一般的闊太太那樣整天打麻將，擺弄首飾，泡咖啡館。她很好學，上進心很強，深以沒能獲得中學學歷為憾，於是利用上海的有利條件，多讀書，勤補課，還跟人學寫字、學畫國畫，每週都有好幾次老師來家授課。日子久了，她的一手毛筆字已經很漂亮了，惹得不少朋友都來向她求字。到她1949年離開上海時，她保留的、認為比較好的字畫已經積至好幾大箱，存在妹妹家，可惜在「文革」中全部被毀。

　　當年張福運因海關工作需要，常要攜夫人出席一些有洋人參加的聚會，

李國秦（後右一）與母親、弟弟、妹妹在上海復興西路140號舊宅

李國秦（右一）與妹妹及外甥、外甥女

李國秦總是打扮入時，顧盼有儀，落落大方地用英語跟那些洋太太周旋，與丈夫的風度相輔相成。有時他們還要去香港辦交涉，港督總是把他們請進當時最叫絕的半島酒店，李國秦毫不怯場，進退有據，不幾年就把香港世面上的人頭也弄熟了。這對於那些沒能娶上大家閨秀為妻的國民黨高官來說，心理上是個不小的刺激。

俗話說：「人怕出名豬怕肥」。張福運官做得大了，風頭出得足了，前來巴結的人家自然也多起來了，跟海關業務有關係的、沒關係的，瞅準機會都喜歡往張家跑，靠不上張福運的，能把夫人「粘住」也是好的。那些年頭，復興西路140號那三畝多地，顯得並不是很寬敞。

在來來往往的諸多朋友中，有一家人家住在離張家不遠的范園（華山路江蘇路路口，現為解放軍八五醫院），主人是一家外國銀行的買辦，這家的女兒正在大學讀書，長得聰明伶俐，也喜歡畫畫，畫畫得挺好，很能討李國秦的歡心。兩家相距不過兩條馬路，走動十分方便，小姑娘有時在張家玩得晚了，李國秦就留她住在家裏。時間長了，李國秦就認她作乾女兒，反正李國秦自己沒有孩子，有個乾女兒比沒有女兒要強，出門總愛帶著她，為她買吃的、穿的、用的，更是不在話下。

想不到危險的事情漸漸發生了，認了乾女兒並不見得比沒有女兒強。問題出在張福運身上。張福運雖說是美國留學生，但傳統的「不孝有三，無後為大」的觀念還很重，總覺得自己沒有孩子，在人前臉上無光。日子久了，竟和妻子的乾女兒粘乎上了。當乾女兒懷上孩子後，他就安排她到自己的老家山東福山去生養，他大概想，等孩子生下來既成事實，妻子也會承認這個事實的。

其實他想錯了，他的妻子不是小家碧玉，不是他可以隨意擺弄的，平時日子過得很體面，但是事情一旦超過了心理的「警戒線」，那就成了怒目金剛。李國秦非但不承認這個事實，而且反目成仇，宣佈離婚！

那些日子不知有多少親戚朋友前來勸說，勸李國秦要思前想後，主要理由：「你若離開了張福運，吃飯靠誰去？你又從來沒有工作過！」

而李國秦認為人活著不是光為著吃飯的，還有別的，還有精神生活。夫妻生活也是如此，精神死了，這椿婚姻也就走到頭了，於是堅持離婚，誰說也不回頭。

張福運並不想離婚，他不過是想孩子想得發瘋而已。他沒有想到事情會到了如此不可收拾的地步。他對國秦說：「我離了婚生活沒有問題，而你怎麼辦？你今後靠什麼生活？」他知道按國秦的性格脾氣，不會再嫁人。而國秦說：「我離開了你，照樣能活下去。」

有趣的是，事實正如她所說。張福運後來活到95歲，無疾而終，已算高壽，據說是坐在一個沙發椅子上，永久地睡過去了。而她李國秦，如今已經105歲了，還健在！

但是當初人們無法預料半個世紀以後的事情。在李國秦的一再堅持下，他們在幾個朋友的主持下，還是協議離婚了。按照協議，他們在天津的房子歸張福運，在上海的房子歸李國秦。可是事後張福運還是放心不下她，把天津的房子也劃在她的名下了，時間在1947年。但是李國秦連上海復興西路的房子也無興趣再住，寧肯搬到愚園路久安村，跟妹妹一家住在一起。

1949年1月，張福運的日子也不好過。李宗仁上台當總統後，宋子文等蔣系的人員辭職，張福運也隨之辭職了。後來宋子文要他一起去美國，他不去，那時中共地下黨組織也在爭取他，海關裏有很多地下工作者，聯繫張福運的人是原先在中央銀行經濟研究所的中共地下黨員驥朝鼎。驥朝鼎把他介紹到新中國的中國銀行經濟研究所工作，在北京。他去工作了一段時間，覺得自己無法適應，出於種種考慮，最後還是去美國了。

出國時要辦手續，填表格，在填「配偶」一欄的時候，張福運又為難了，畢竟二十多年的夫妻舊情難捨。猶豫來猶豫去，他再次找到李國秦，對她說：「只要你認下這個孩子，我的配偶就仍舊是你。」李國秦冷冷地説：「現在你有配偶，而我沒有配偶！」

屈映光法師的衣缽傳人

李國秦大約在1950年到了香港，先是租住在彌敦道一個親戚的房子裏。那親戚是李家老六房的李慧龍，李家人都喚他慧龍大哥。他在抗戰勝利之後就到了香港，從事外貿生意，生意一度做得很不錯，房子很大，李家許多人到香港就把他家當作招待所，站穩腳跟後再搬出去。不知從什麼時候開始，李國秦開始每週一次到沙田的一座山上去聽佛家講經，風雨無阻，後來還帶一些經卷回家抄寫，她抄寫得非常認真，使她那手漂亮的毛筆字，得到了充分的揮灑。

後來人們才知道，她在師從著名的佛學界密宗大師屈映光（文六）先生（浙江台州人）學習、研究佛教，漸漸步入了境界，並且改名李逸塵（意為遠離塵世）。屈映光先生早在辛亥革命之前是光復會的革命黨人，辛亥革命後任浙江省民政長和巡安使，北洋政府時期先後被任命為國務院顧問、山東省省長和內務總長。不知是什麼契機，他於1926年赴歐美考察，回來後就退出了政壇，潛入佛門。抗戰時期他輾轉各地做賑災救災工作，抗戰勝利之後回到上海，又到了香港，仍舊埋頭佛學，聚徒講經，久之，東南亞、澳洲一帶的佛門弟子，均慕名前來聽講。

李國秦（號逸塵、意空）被尊為金剛上師

李國秦拜在屈映光法師門下的時候，屈映光已經七十多歲了，鬍子老長，但研究佛學的精神絲毫未減。老師見她讀經專心刻苦，已經拋棄了人間一切雜念，就給她取了一個法名「意空」，並收其為大弟子。李國秦對老師非常敬佩，除了幫助老師抄寫經書，整理佛學經典，在老師身體不舒服的時候

還把老師接到自己家中來，親自照顧起居。她自己從小歷來都是靠別人照顧的，她從未照顧過別人，而對於年邁體弱的屈老師，她竟無微不至地親自精心照應，周圍的人都感到有些不可思議，大概是佛法的感召吧。

後來據說蔣介石怕屈映光返回大陸，派人把他弄到了台灣，李國秦也隨老師之後，到了桃園縣的齋明寺。這期間，屈老師立下宏願，重新修訂一套《中華大藏經》，李國秦是其主要助手之一，從收集版本，研究目錄，參核校訂，無論寒暑，無所不用心，最終編入這部「正藏」的竟有兩千種佛經。

1973年，屈映光先生以91歲高齡圓寂之後，李國秦就成了眾佛徒擁戴的金剛上司。據說屈老師手裏的一部最為珍貴的佛經，就傳給了她。

李國秦繼師父之後，不僅聚徒授經，還非常重視佛學經典的整理和出版，主編並出資出版了《法賢叢書》，其中有《顯密修學法要》、

李國秦100歲壽辰時，弟弟李國光夫婦前來祝壽

《金剛經‧無量壽經‧心經‧觀無量壽經‧詮釋》、《時輪金剛大灌頂開示暨修持儀軌》等等，其中還包括了她為師父屈映光先生整理的佛學著作。她在一篇序言中談到自己學法的經歷：「余初承劉庚辰上師學法，劉上師乃貢嘎佛爺及若那佛爺之入室弟子，以是因緣，不二日若那祖師現余夢中，傳余妙法，醒後蓮花生大士聖顏常現余前，歷歷分明，於今為然，始識宿緣之不可思議。後以大陸動亂，寄居香江，依止屈映光上師，習脈氣明點無上口訣等。又以因緣成熟故，於民國四十一年頃，隨上師駐台弘法，如是隨侍上師左右者凡二十餘載，承師不棄，託付法脈。歲月悠悠，忽焉又歷三十載矣，雖承師言，於濁世中弘法利生，不敢稍有怠忽。然余根器魯頓，心餘力絀，實深感有負託付……」可知其心有感應，意誠志堅，並非泛泛而談。

百歲老人突然「失蹤」了

從20世紀50年代初至今，又是半個多世紀過去了，李國秦真的義無反顧地遠離了塵世。

2003年的一天，她身邊的幾個弟子慌作一團，因為他們常年服侍的師父、101歲的意空法師突然不見了。屋前屋後、院裏院外都找遍了，不僅找不見意空法師，連同法師平時最接近、最信任的兩個小徒弟也不見了，於是他們明白了，一定是這兩個小徒弟把師父「劫持」了，但是到哪裏去了呢？

102歲的李國秦

他們找出師父的通訊錄,用電話一家家詢問,當問到師父的弟弟、香港國光船務公司的老闆李國光先生時,電話那頭李國光氣急敗壞,大光其火:「叫你們好好看好她,看好她,怎麼叫她走了呢?她這麼大年紀,要是出了危險怎麼辦?」

原來她是去還一個心願去了——經過一段秘密的策劃,由兩個小徒弟抬著,瞞過了台灣當局和周圍所有人的注意,他們乘上了飛機,從台北到香港,又從香港到上海,再從上海飛往山西太原,從太原再乘汽車,直奔五台山!

這是一個空前絕後的秘密行動,一個百歲老人的還願計畫,一個感天動地的佛界故事!只有她和兩個小徒弟心理明白,她不走這一趟將會死不瞑目的。中國人都講究葉落歸根,她的師父沒能葉落歸根,是個永久的遺憾,或許師父生前就對她有過囑託。而大陸上除了西藏,只有五台山上還有密宗的寺廟。她要在那裏為她的師父屈映光先生建一座塔,還要為一個

大殿主持開光，她要使師父的靈魂得到安息，她發誓在有生之年一定
要落實這個計畫！

　　臨行前，她曾向弟弟李國光透露過這個計畫，弟弟拼命反對，並
關照她周圍的人一天24個小時看住她。結果還是佛的法力大，她由兩
個小徒弟抬著，在一個深夜秘密啟程了。

　　她還不曾有過連續這麼長時間的行程，儘管一路上非常辛苦，可
是她終於如願以償。在五台山，她受到了佛門子弟的隆重歡迎，還為
修廟捐獻了二十萬元錢。回到台灣後，儘管因長途勞累病了三個月，
心情還是非常愉快的。

　　現在的李國秦，已經號稱徒弟三千，有的是台灣大學的教授，
有的是部隊中的高官，也有很多是東南亞一帶的華僑。她居住的地
方是一處佛界名勝，跟她一起住進去的當時共有30人，現在只剩她
一個人了。她與塵世不是絕對沒有交往，但是平時只是一個電話的
交往。每天上午十點鐘，她會準時地收到弟弟李國光的一個電話，
問問起居各項，是否安好。她難得多說話，好像心願已了，一切都
在不言之中了。

吳調卿的孫女吳靖

跟上海一些豪門望族的老太太們聊天，但凡提起當年的張學良將軍和趙四小姐，她們就會睜大眼睛，很有興致地說：「你知道嗎？趙四小姐的嫂子還活著，就在上海，97歲了，腦子還非常清楚，也是個大家閨秀，天津吳家大院的後代，外公是上海的傳奇人物嚴筱舫……」。

的確，吳靖老太太仍健在上海，仍住在她66年前就住的那棟小洋樓裏，每天早起看書讀報，頭髮梳得一絲不亂，講起話來聲如洪鐘。即便是在陰天下雨的時候，她看書看報也不用戴老花鏡，只是耳朵有些背，跟她交談大多要借助於筆頭。但是，一旦親眼看見人家97歲的老人筆下流出的字，無論是中文還是英文，哎呀，真教我們這些人汗顏死了！

上海灘名門閨秀

祖父是李鴻章的哥兒們吳調卿

提起吳調卿（名懋鼎，1850－1927），天津的老人們幾乎無人不知。他祖籍安徽婺源（現劃歸江西），9歲時為避太平天國戰火，隨家人逃難到蘇州，在一家筆店當學徒。17歲時經一位老師介紹來到上海，開始時給外輪當跑艙、幹雜活，給滙豐銀行趕馬車，後來學會了洋涇浜英語，逐步接觸了洋行業務。在滙豐銀行服務十年後，憑著安徽人的精明和勤勉，他當上了該行的副買辦。1880年滙豐銀行要向北方發展業務時，他被派到天津創辦滙豐銀行天津分行，擔任了該行的買辦，並且把滙豐銀行的業務發展到了北京。那時，李鴻章正在直隸總督兼北洋大臣任上，常年駐節天津。他們是大同鄉，原先在上海時也間接地打過交道，現在一個有權，一個有錢，於公於私都可以互補，於是成了好朋友。

吳調卿擔任滙豐銀行天津分行買辦達25年之久，是該行的首任買辦，

吳調卿的孫女吳靖

吳靖的祖父吳調卿

也是外國銀行買辦在天津的開山鼻祖。他在為滙豐銀行效命的同時，也為清廷做過不少事。如1894年，清廷決定修築關內外鐵路的時候，所需巨額貸款就是吳調卿在滙豐為之辦理的，同時為之從英國進口了路軌和機車，聘請了多名英國工程技術人員，還在山海關創辦了一所北洋鐵路官學堂（1896年），他親任學校總辦（校長），這所學校就是後來西南交大的前身。為此，李鴻章也不虧待他，任命他為關內外鐵路局的督辦、淮軍銀錢所總辦，還向清廷保薦，授予一個「直隸候補道」的頭銜。滙豐銀行方面自然也很信任他，凡是遇到有關借款和一些需要與李鴻章直接接洽的事項，就都交由吳調卿去辦理。所以若干年間，他充當了清廷與洋人之間的橋樑，是個兩頭都搞得定的人。

與此同時，吳家也就有了充足的鈔票去投資、創辦一些近代新式企業，先後辦起了天津自來火公司、天津硝皮廠、天津織呢廠、天津打包公司、天津電燈廠、天津自來水廠、門頭溝通興煤礦公司……其中吳家獨資創辦的企業就有5個。在天津1900年之前創辦的4家新式企業中，屬於吳家的就有3家。可知吳調卿早已經具備了開拓性的眼光，有了錢，並不去搗鼓那些傳統安徽人擅長的典當和茶葉之類。

久之，天津首富就非吳家莫屬。吳調卿在天津達文坡路（現建設路）建起了規模宏大的私宅，世稱吳家大院。他的大兒子吳頌平則在天津昆明路117號建造了更為洋派的花園別墅（現為天津花園飯店）。到吳調卿1927年去世的時候，他名下遺產還有500萬元。那年他的孫女吳靖（原名吳佩琳），正在讀高一。

三歲來到上海外婆家

　　吳靖的祖父一輩子與洋人打交道，深知洋學堂的重要，把兒子一個個都送出國留學。唯獨吳靖的父親吳熙元（號吉臣，排行老三）沒有出國，一生都在天津，打理吳家的產業天津硝皮廠。據說是因為他19歲結婚後，一年生一個孩子，共生了九個孩子（還不算中間夭折的）。孩子多，奶媽、傭人就更多，拉拉雜雜家裏一大群人，要出國，實在是帶不動這麼大的家眷隊伍，乾脆就不出國了，就守著家業過也覺得不錯。

　　吳靖的父親掌管的這個天津硝皮廠，表面看來是個民間製皮企業，其實是個跟官府有密切聯繫的行當。北方天冷，皮貨本來銷量就大，加上那時軍隊也有穿皮軍裝的，尤其是騎兵，馬靴馬鞍都是皮質的，吳家的生意就只愁做不完了。所以這家工廠在1898年創辦的時候，資本就達76.9萬元，機器均購自英國，技師也是聘請的英國人，常年雇傭工人五六百人，活兒忙的時候工人達一千餘人。產品的銷路，最初大部分是供應袁世凱在天津小站練兵的新建陸軍所需軍裝，後來到了宣統初年（1909年），清廷禁衛軍的軍裝也由該廠包辦。在第一次世界大戰期間，這個廠還曾向英、俄兩國提供過炮車套、馬鞍、馬靴等軍需產品。所以說吳靖的父親吳熙元，在北方也是一個炙手可熱的風光人物。

　　吳靖的母親是李鴻章另一個重要幕僚嚴筱舫（名信厚，1838－1906）的大女兒，名嚴淑英。嚴筱舫同治初年在上海時就加入了李鴻章幕府，後來由李鴻章派到天津掌管長蘆鹽務，由此發家。他在上

海和天津都幹過很多事業，尤其為人稱道的是出任上海第一任總商會會長，還擔任中國第一家銀行——中國通商銀行的首任董事長。他總共有三個孩子，一男二女，兒子就是後來繼承、掌管了源豐潤官銀號的嚴子均（即嚴義彬，嚴彩韻、嚴蓮韻、嚴幼韻的父親）；大女兒就是吳靖的母親嚴淑英；小女兒嚴毓珊，後來嫁給海鹽官宦之後朱培卿。

吳靖出生在天津吳家大院（1910年），兄弟姐妹共九人，那時雖然她的祖父已經從滙豐銀行買辦的職位上退休，而她父親吳熙元的生意還很紅火，辛亥革命對這個鐘鳴鼎食之家並無大礙，因為北洋政府裏基本還是清廷舊僚的天下，與吳家不是親戚就是朋友。

當時她的外公嚴筱舫已經過世，她外婆仍住在上海虹口的大宅院裏，因為身邊沒有小孩子，很寂寞，很想要一個孩子來作作伴兒。正好吳熙元、嚴淑英夫婦有一群孩子，正為孩子太多煩得要死，夫妻倆為管孩子還常鬧點矛盾，能送走一個正求之不得。揀來揀去，就把老二吳靖送去了。一來因為吳靖最老實聽話，不會給老人惹麻煩；同時還因為，老大是第一個孩子，父母寶貝的，不肯送走的；其他的年齡還太小……而吳靖當時已經三歲了，不大不小，所以，似乎是命中註定的，她應當到外婆家去。

於是，三歲的吳靖來到上海外婆家，住在虹口的塘沽路（那時叫文監師路）的一條大弄堂裏。那弄堂只住了三戶人家，屬嚴家的房子最大，有前廳後廳，前院後院，有專門祭祖的廳堂，也有專門給孩子們玩的地方……吳靖在外婆家過得很開心，因為表哥表姐們都已長大了，有的已經成了家，家中多年沒見小毛頭了，突然來了一個漂亮的

小妹妹，大家都拿她當寶貝，要什麼給什麼，樣樣都很自在。她到上海後的第二年，大表哥嚴智多家生了一個小妹妹，叫嚴仁美，從此她跟這個比她只小三歲的外甥女，成了最要好的童年夥伴，她們整天在外婆身邊轉來轉去，是老外婆的心上肉。

清華大學的第一屆女生

　　到她稍稍懂事的時候，外婆為她請來了家庭教師，教她認字寫字。七歲的時候進入一個教會辦的啟秀小學念書（位於橫濱橋，校長是嚴仁美後母的姑姑）。到了她13歲要上中學的時候，因為嚴重的關節炎，母親從天津趕來，把她帶回天津自己家，入讀天津中西女中（Keen Sehool），人們估計北方氣候乾燥，可能對治療關節炎有好處。

　　離開父母整整十年了，天津家中的一切都讓她感到陌生，她覺得在家裏自己就像個客人，很拘束，不像在上海那樣自由自在，無所顧忌，況且有的姐妹還生性霸道，她只好處處忍讓，這就使她非常思念外婆和幼年的夥伴嚴仁美，課餘時間常常是一個人靠著窗邊，埋頭看書。那時，天津的女孩已經風行剪短髮了，吳靖的大姐和妹妹都剪辮子了，可是吳靖要剪時，母親卻不允許，她覺得很受欺負，傷心地哭了起來。結果被她祖父看到了，老人心疼孫女兒，就對她說：「你想剪就剪吧！我批准你！」後來，或許是受了表姐嚴彩韻、嚴蓮韻、嚴幼韻的影響，她非常喜歡學校，喜歡讀書，只要捧起書本，就忘記了不愉快的一切，在學校裏門門功課優秀。

在天津中西女中讀高一的那一年（1927年），她從報上得知北京清華大學開始招女生了（在此之前清華大學只有男生）。對於清華大學，她一直很神往，於是就跟大姐吳佩球一起去報名。但是她們沒有高中畢業證書，於是跑到天津教育局，請求開具一張同等學力的證明，還好，天津教育局很開明，給開了。考試結果，姐姐沒有考取，妹妹卻考取了，主攻西洋文學專業。在報考清華的時候，她為自己起了一個新的名字，叫吳靖（原先譜名叫吳佩琳）。於是她跳過了高二和高三，1928年，成為清華大學第一批女生。那一屆清華學生有一百多人，女生只有十八名，吳靖是其中年齡最小的一個。

吳靖（左二）與趙四小姐趙一荻（右二）、趙二小姐（右一）、趙燕生（左一）遊香山

清華的生活是豐富多彩的，學校學習風氣好，大家不僅認真讀書，體育活動也很紅火。那時北京只有五所大學，其中清華的體育活動是最棒的，有籃球隊、足球隊、排球隊，還有田徑隊，常常外出比賽。學校鼓勵學生積極參加

體育活動，如果誰能參加五個體育運動隊，就能獲得一件印有清華校徽字樣（T. H.）的毛衣。吳靖受到學校環境的薰陶，逐漸變得活躍而堅強起來，她樣樣活動都很起勁、很投入，五個隊都參加了，也就獲得了學校頒發的那件有意義的毛衣。體育活動中她最喜歡的是溜冰和游泳。清華校園裏有個湖，到冬天就結冰了，北海公園的湖冬天也結冰，另外北京的青年會還有冰場，同學們在課餘經常成群結夥地前去活動。

其實原先在天津上中學的時候也是這樣，夏天游泳，冬天溜冰，已是天津大戶人家年輕人的生活方式。每年暑假三個月，基本都是在北戴河過的。天津地方買辦多，舊官僚也多，很多人家在北戴河都有別墅。北洋政府時期的交通總長朱啟鈐家，在北戴河有五棟房子，大人孩子一到夏天就去避暑。包括張學良的弟弟妹妹，夏天多半也是在北戴河度過。朱啟鈐的第五個女兒朱媚筠（世稱朱五）、駐日公使陸宗輿的女兒陸靜媜、財政部長李思浩的女兒李蘭雲、津浦鐵路局局長趙慶華的女兒趙一荻（趙四小姐）……都是吳靖中學時代的朋友，後來到了北京也常相來往。倒不是由於同學而認識，基本都是由於家長們常來往，孩子們也就「紮堆」了，課餘常在一起游泳和溜冰。

反封建，獨自逃婚回北京

但是好景不長。在她讀完大學三年級放暑假的時候，母親發話了，要帶她到上海去相親，是一些愛管閒事的人做的媒。對方是一家

留日回來的醫生的兒子。吳靖根本不想去相什麼親，也不想這麼早就結婚，但拗不過母親，還是跟著到了上海。一進門，她就看到那家的母親斜躺在床上抽大煙，心裏反感極了，回頭就對母親說：「這家人家不行，回掉算了！」

誰知母親不依她，堅持說這家人家怎麼怎麼好，一定要她接受這門親。吳靖感到很奇怪，當初人家為姐姐吳佩球說親時，儘管是北京很有名望的一家人家的公子，吳佩球看不上，當母親的並沒有逼婚；而這回自己也看不上對方了，母親卻不肯讓步，逼著她一定要把這門婚事定下來，這就使吳靖感到很不服氣。在上海磨了一個月，她被逼得沒辦法了，只好同意了，回到天津。但是，好人有時是做不得的，吳靖這頭一答應訂婚，母親那頭又得寸進尺，宣佈不要她回北京念書了，把她關在家裏不讓出門，就等著上海的那家人家來娶親！

這下把吳靖激怒了，原本最聽話的二小姐一下子變成了反抗者。她眼看自己還有一年就要自清華大學畢業了，而老派的母親卻全然不可惜她的學歷……在北京的要好同學聽說了這件事，紛紛打抱不平，伸出援助之手，幫她趕快設法逃回北京。其中黃中孚同學（其妻子是蘇州席家之後席均，「兩江」女子籃球隊的主力隊員，很出名）幫忙最多，他是趙燕生同學最要好的朋友。但是吳靖母親的強硬也是一貫的，一旦決定了的事情是不允許別人改變的。娘倆鬧崩了，拖了半年時間，誰也不讓誰。最後還是吳靖本事大，趁母親不備，夜裏翻牆頭逃出了吳家大院，乘上火車重返北京，自家的親戚家不敢去，就住在同學家。

從此她自我解放了，不要家裏管了，感到渾身輕鬆自在。若干年後回憶起這件事，她仍舊為自己當初的決定而感到自豪，她認為「一個人，關鍵都要看自己，關鍵事情上一定要自己把握好。」從此走上了一條獨立的人生道路，同時也為她的姐妹們作出了榜樣，開拓了一條自由婚姻之路。後來她的大姐吳佩球嫁給一個朝鮮籍學者（北京著名腫瘤專家金顯宅），儘管大人們很不情願（他們看不起「高麗棒子」），但也沒辦法，只好同意。其他幾個妹妹也都以她為榜樣，擺脫了父母的干擾，自主地決定了自己的婚姻大事。

因為這件事吳靖耽誤了半年多學業，她本來應當1932年大學畢業的，只好拖到1933年畢業。她父親知道她從家中逃走後很吃驚，想不到最溫順的二小姐會起來抗婚。他捨不得女兒一人在外沒人管，同時也顧慮到社會輿論，畢竟是天津吳家的閨女，於是每月給寄10元伙食費。但是老人家也是很不情願的，對於她逃婚和後來的自主婚姻一直耿耿於懷。所以她後來與同學趙燕生在天津結婚時，父母都在天津，卻都沒來出席婚禮，儘管姐妹和弟弟來參加了，嫁妝自然也一件沒拿到。

成了趙四小姐的嫂子

趙燕生是津浦鐵路局局長趙慶華的六兒子、趙四小姐趙一荻的六哥。他們和吳靖原先在天津時就認識，到了清華大學，趙燕生與吳靖成了同班同學。趙燕生是個藝術加運動型的人才，喜歡戲劇、美術、打球、社交。他個頭高大（因此有了英文名，叫LONNY），是清華足球

隊的守門員，也是棒球隊的主力。趙燕
生與趙四小姐同父同母，感情最親近。
他雖然排行老六，但生就一派老大哥的
慈善胸懷，待人熱情、好客，非常忠
厚，有俠義之心，常常助人為樂。吳靖
在上海「訂婚」時，他是同學中最為焦
慮的一個。

　　現在很多報刊上都說，當初趙四小
姐去瀋陽找張學良將軍，是她六哥趙燕
生幫忙從家中逃出來的。其實不是的。
趙四去東北是1929年，那時趙燕生已
經在北京讀清華，他並不知道家裏事的
詳情，只是耳聞了許多傳聞。當他看到
報紙上刊出的他父親與趙四斷絕關係的
聲明後，難過得哭了起來。他從感情上
同情四妹，但沒有料到事情會鬧到這個
地步。

　　在趙四倍受家庭和社會輿論指
責的時候，吳靖跟她仍舊是好朋友。
在獨立地安排人生道路上，她們有共
識。後來趙四也來到北京，週末常開
著汽車來清華找吳靖玩，身邊還帶著
保鏢，是張學良將軍為之安排的。在

1950年親友們在上海法國總會聚會，左
一吳靖，右二嚴仁美，右三趙燕生

春秋季節天氣晴朗的時候，她們和六哥趙燕生及要好的同學、朋友，還一起去西山或香山爬山。趙四牙齒不好，在一個外國醫生的診所看牙，吳靖常陪她去。

趙四與吳靖的交往，還有一個不小的收穫。吳靖在清華讀書時，雇了一個女傭叫吳媽，趙四常去玩，與吳媽也認識了。她認為吳媽這個人很好，人乾淨又勤快，靠得住。吳靖大學畢業後，趙四就叫吳媽到她家去服務，吳媽答應了。此後吳媽一直跟在趙四身邊，還跟去了台灣。她丈夫去世得早，有兩個兒子，這兩個兒子就由趙四供養讀書，幾十年間就像一家人一樣。

1935年年底，趙四從國外遊歷回來，陪張學良將軍住在上海皋蘭路1號那棟小樓裏。那時吳靖與趙燕生已經結婚，他們帶著才六個月的孩子（趙允象）一起到上海看望趙四。趙四小姐常年跟著張學良將軍輾轉武漢、西安等地，難得與家人見上一面，對於哥哥嫂子的到來非常高興，他們聊起了很多往事，趙四還跟他們談起一些張學良的趣事。比如講到張學良在東北幹掉楊宇霆的時候，起初總是猶豫不定，後來竟是用拋擲銀元的辦法來下決心的。趙四說，當時張學良將軍非常緊張，因為此事事關大局，事關成敗，他接連拋了三次銀元（袁大頭），全都是頭朝下，於是認為這是天意，決心行動。果然事情幹得很順利，乾淨利索。

那次見面一年後，西安事變爆發，趙四小姐陪張學良在幽禁中度過了漫長的歲月，無法與家人見面。

西安事變爆發前夕，趙四並不暸解西安面臨的緊張局勢，還邀請他六哥趙燕生和一個朋友胡若愚（曾任青島市市長，李鴻章家族的李家

煥的老丈人）一起去西安玩。趙燕生因為在中孚銀行北京分行（光緒皇帝的老師孫家鼐的後人所辦的銀行，孫家也是安徽人）工作，快到年底時銀行要年終結算，沒能去，胡若愚一個人去了。西安事變爆發的那天晚上，槍聲大作，胡若愚不知發生了什麼事情，從房間裏跑出來，趴在樓梯上朝外看，結果中了流彈。有意思的是，那子彈從他右腮幫子射入，左腮幫子穿出，當時他滿臉是血，嚇昏了，後來他臉上就留下了兩個深深的「酒窩」，朋友們常拿他的「酒窩」開玩笑。趙燕生個頭比胡若愚高大，假如是趙燕生的話，推算下來，那槍子兒大概正好擊中喉嚨！

半個世紀後相逢在美國

　　張學良、趙一荻夫婦到了台灣後，經一位朋友幫忙，吳靖與趙四小姐能通通信了。後來，他們在宋美齡和董顯光的建議下，開始信奉基督教了，所以信

50年代吳靖一家

59

中多談信教的事情。直到八十年代大陸
改革開放後，台灣當局也放鬆了對張學
良夫婦的監禁，他們才得以在美國加州
重逢。距離1935年年底的那次見面，
中間間隔了半個世紀。

最初她們是準備在香港見面的，
但是中間的干擾和麻煩事很多，一拖
再拖，終於沒能見成。儘管趙燕生已
於1979年過世，趙四還是念念不忘她
的六嫂，香港去不成就去美國，她約吳
靖到美國見面。當她們在美國加州的一
個旅館裏見面時，這對五十多年前的姑
嫂，都忍不住流淚了。她們在那個旅館
裏住了一個月，相互真是有說不完的
話。吳靖問她這些年是怎麼過來的，而
趙四總是念記她的母親呂氏和她的六
哥，詢問得非常仔細，因為這兩個人是
最心疼她的人。

後來張學良夫婦定居夏威夷，吳
靖每隔兩年就去看他們一次。好在吳
靖的孫女趙荔家也在夏威夷，她來去
都方便的。吳靖九十歲生日也是在夏
威夷度過的，張學良夫婦出席了她的

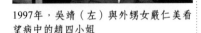

1997年，吳靖（左）與外甥女嚴仁美看
望病中的趙四小姐

吳靖（中）、吳佩琪姐妹看望病中的張
學良將軍

生日宴會，在送給她的生日蛋糕上寫著：「祝賀你年輕的九十歲生日快樂！」。

現在，張學良夫婦已經長眠在夏威夷的一座山上了，吳靖也已是98歲的老人了，談起趙四，仍充滿了欽佩之情。她說趙四小姐非常堅強，也很能幹，在最困難的時候，所有的家務都是她一個人幹，諸如煮飯、燒菜、搞衛生，樣樣都從不會到會，到熟練，就連張學良穿的衣服也是趙四小姐親手設計的。那是一種半中半西式的衣服，領子是休閒式的，袖口是襯衫式的，帶紐扣，衣服下擺左右貼著兩個大口袋，好放隨身攜帶的報紙、眼鏡之類，上面還有一個小口袋。一切都是為了方便和舒適，同時也很大方、得體。

「你看見照片上張學良頭上戴的深色小帽了嗎？那就是趙四的手藝，是她用紗線為張親手勾織的！」

長壽秘訣：把不愉快的事情忘記

當初西安事變爆發後，日本人不知想搞什麼鬼，到處找趙四。趙四找不著，就找她的哥哥趙燕生。他們知道趙燕生在北京中孚銀行工作，就多次到中孚找麻煩。日本人沒想到，中孚銀行在北京協和醫院的地下室裏還有一個營業所，趙燕生正在那裏工作。趙燕生知道世面不好，為了安全起見，1940年，他們夫婦帶著兩個孩子再次來到上海，因為那時日本人還沒有進入上海租界，形勢相對穩定些。在嚴仁美的幫助下，他們在上海西部高郵路的一棟小樓裏住下，此一住就是六十多年。嚴仁美的姑姑嚴蓮韻一家也住在那裏，大家相互可以照應。

60年代的全家福

婚後的吳靖開始沒有出去工作，在家裏料理家務、教育孩子、會會朋友，有空就讀讀英文小說，後來參加了女青年會的活動，還和丈夫組辦過一個話劇團，與趙丹、黃宗英、黃宗江等人成了好朋友，還在蘭心大劇院演出過，整天也挺忙碌的。直到解放後的1952年，她加入了婦女就業的潮流，去一所中學教書，教英語。開頭幾年學校間常有調整，她被調動了三次，1960年調到南洋模範中學，一直工作到1970年退休。丈夫趙燕生來上海後，主持清華同學會上海分會的工作，當總幹事，在外灘上班。他聘請了一位手藝最好的西餐點心師父，所以清華同學會的下午茶就非常有名了，尤其那個師父做的蘋果派，被譽為上海灘最好的西點。一些與清華有關係的人就常常去清華同學會舉辦派對和各種宴請。「文革」中清華同學會被「砸爛」了，趙燕生只好也去教書了。

作為過去豪門望族的後代，「文革」中他們夫婦受到了巨大的衝擊，房

子被佔據，家中東西被抄走，連他們的
生活照片也不放過，以至於現在要寫
文史資料了，尋找老照片成了一個大難
題；她母親晚年跟她住在一起，曾被迫
邁著一雙小腳，去太陽底下勞動改造；
丈夫在學校受到非人的折磨；兒子也被
非法監禁。她自己當時一條腿摔骨折
了，得不到有效的治療（醫院裏的老醫
生都被打成了牛鬼蛇神），一個「赤腳醫
生」來為她上鋼筋，結果那鋼筋穿到了
肚子裏，這下情況更糟了，必須再拔出
來，但是那「赤腳醫生」嚇壞了，自己
又不會拔，怎麼辦呢？正好門外有一個
電工，就叫那電工幫忙。那電工掏出了
打理電線的工具，總算給拔出了那根鋼
筋……

　　粉碎「四人幫」以後，生活一天天
好了起來，政治氣氛也漸漸趨向正常。
吳靖家已經是四世同堂，大兒趙允年一
家在美國，小兒子趙允皋一家在上海。
她所居住的小樓、小院恢復了原先的平
靜。早飯後，兒孫們都去上班上學了，
她就拿起報紙，閱讀當天的新聞，過一

吳靖（左）與乾女兒曹其緯（大兒媳的
妹妹，電影《女籃五號》的主角）

會兒，再打開電視機。再過一會兒，來家服務的鐘點工阿姨推門進來了……生活像牆上的鐘擺，平靜、典雅而準時。

現在你要問她一些過去受苦的詳情和細節，她好像又全不記得了。她說，她不太在乎別人對她怎麼樣，如果有人對她有什麼議論，她一隻耳朵進，另一隻耳朵就出去了，不上心，所以總能活在一種自我平衡當中。

若問她為什麼會長壽，她會告訴你：「把不愉快的事情忘記。」

四代同堂──吳靖與大兒子
趙允年一家在美國

盛宣懷的七小姐盛愛頤

上海灘過去有兩個很出名的七小姐，一個是盛宣懷的七小姐盛愛頤，另一個是孫寶琦的七小姐孫用蕃。兩個七小姐是親戚。孫用蕃是盛愛頤的嫂子（盛宣懷的四兒盛恩頤的夫人孫用慧的妹妹），還是張愛玲的後母。她的出名多半是由於後人對於張愛玲的同情，反正一旦講到張愛玲與後母不和，在父親和後母家受了多少多少委屈，總要把孫用蕃扯出來指責一番。盛愛頤不同，她的出名一方面是家庭關係，父親是晚清重臣盛宣懷，李鴻章最得力的洋務幹將，樹大招風嘛，但更重要的還在於她自己。

七小姐與宋子文的恩恩怨怨

盛七小姐是盛府的當家人莊夫人的親生女兒，其父去世時她才十六歲，已經出落得婷婷玉立了。她的胞兄盛老四（即盛恩頤）時任漢冶萍公司的總經理，在上海灘各路朋友

65

盛宣懷的七小姐盛愛頤

很多，整天忙在外面，七小姐則是媽媽的心肝寶貝，朝夕陪伴在側，讀書也是請家庭教師來靜安寺路盛公館裏教，不曾上過新式學校。莊夫人外出應酬或是打牌，七小姐是當然的「保鏢」。莊夫人若是有什麼個人私密的事情，多半也是由七小姐出面去周旋，故不到二十歲就見多識廣，伶牙俐齒，以「盛七」聞名上海灘。

當時宋子文剛從美國留學回來不久，由其大姐宋藹齡引薦，當上了漢冶萍公司總經理盛老四的英文秘書，因為宋藹齡原先當過盛家五小姐盛關頤的家庭教師，與盛家上下都熟。盛老四因社交活動繁多，幾乎白天黑夜顛倒著過日子，住在老公館的時候差不多睡到中午才起床（搬出老公館之後要睡到下午四五點鐘），而宋子文的作風是西洋一套，按著鐘點來盛府彙報工作，請示問題，見主人遲遲未起身，只得在客廳裏等候。莊夫人和七小姐看不過去，時而出來招呼一下，這就使他有機會接近世人傳說中的海上名媛盛七小姐。

宋子文長得一表人才，舉止談吐儒雅得體，辦事雷厲風行從不誤事，很快贏得了盛家人的信任。他藉此良機，屢屢向盛七發起進攻，不久，他不僅主動擔任了七小姐的英語教師，還經常向她講述大洋彼岸的異國風光及風土人情，盡可能地展示他的博學和才識。七小姐未出過國，經不住他的「唬」，那顆高傲的心，漸漸向他靠攏了。

可是事情並非像宋子文想的那麼羅曼蒂克，七小姐的母親莊夫人硬是不同意這門婚事。起初他覺得小夥子人長得不錯，又是留洋回來，兩個年輕人似很投緣，也就頗有些心動，但對宋子文的家庭底細尚不十分瞭解，於是請家中的大管家李樸臣去打聽。李樸臣回來稟報莊夫人說：「宋家是廣東人，信基督教的，他父親是教堂裏拉洋琴的，盛宮保的女兒怎麼可以嫁給這樣的人家？」於是莊夫人明白了，門不當戶不對的，不能答應他！

盛家大多數人也是這樣認為，覺得兩家的地位太懸殊了。那時盛家雖

盛愛頤的父親盛宣懷

已失去了盛老太爺的支撐，但「瘦死的駱駝比馬大」，那一千多萬元遺產（確切數字是，截至1920年1月為止，財產額為一千三百四十九萬八千六十八兩八錢五分五厘。此為盛宣懷去世之後，由李鴻章的大兒子李經方主持的盛氏財產清理處，經過兩年半的清理，最後登報公示的數字。按彭信威教授的《中國貨幣史》一書中的換算法，即以中國大米的實際購買力來換算，1920年代的中國一塊銀元相當於2006年的145元人民幣）還是硬碰硬的，都在莊夫人的掌控之中，在上海灘仍能呼風喚雨。而宋家是傳教士家庭，雖然兄弟姐妹都留過洋，但那時還沒有到發達的時候。宋子文回國的第二年，他的父親宋曜如就去世了，留下的家產，僅夠維持小康水平。他的大姐宋藹齡雖已與孔祥熙結婚，然而那時的孔祥熙，不過是一個留過美的商人而已，遠非後來出任國民黨財政部長的孔祥熙。宋子文的二姐宋慶齡時已與國父孫中山結婚，然而沒有過上一天安寧日子，討袁運動之後又是反段護法運動，1920年第二次南下廣州後，不久又遇上陳炯明叛亂，始終在政治鬥爭的風口浪尖上。他們在上海的住房（莫利哀路29號，現在的香山路7號，即孫中山故居紀念館）還是海外華僑贈送的……宋子文眼下只是個漢冶萍的英文小秘書，如何能般配？

好在大權捏在盛老四手裏，盛老四一個命令就把這個小秘書給踢開了，把他調到武漢，當個漢冶萍公司漢陽鐵廠的會計處科長。宋子文明知是調虎離山計，礙於體面，還是前去幹了幾天，不久就返回了上海。他那時很背運，事業上到處碰壁，女朋友也談不成。但他脾氣很強，莊夫人越是阻撓他越來勁。有時在大街上，他看見前面是七小姐的車子，就一踩油門加足馬力追上去，把車子往七小姐的車前一

橫，硬要與之對話。七小姐是媽媽身邊的「寶寶」，不想讓母親為自己而傷心，但面對宋子文的求愛，又不想斷然拒絕，因為兩個年輕人畢竟已經相愛了。那段時間，她被折騰得好苦。

聰明的七小姐為了不把事情弄僵，有時也答應與宋子文一起去逛街，但同時也拉上八小姐盛方頤，對此，宋子文也無可奈何。有一次他們三人走在街上，宋子文只顧起勁地跟七小姐講話，冷不防一輛汽車從身邊擦過，走在後面的八小姐趕緊把他往旁邊一拉，結果人未被撞倒，可衣服被撕破了一個大口子，宋子文頓時嚇出了一身冷汗。事後他對八小姐說：「多虧你救了我一命。請相信我，如果將來我有發達的一天，一定不會忘記你的救命之恩。」這也許就是後來，他堅請八小姐的丈夫彭震鳴出任某銀行經理的緣故。

七小姐盛愛頤（後右）、八小姐盛方頤
在靜安寺盛家老公館

1923年2月，廣州陳炯明兵變被平定後，孫中山先生在廣州重建革命政權，急需各方面的人才，宋子文由其二姐宋慶齡引薦，被孫中山起用，

從而步入政壇。當時孫中山先生一封封電報催其南下，宋子文認為是個個人發展的好機會，但他放心不下七小姐，於是力勸一起同赴廣州。

七小姐內心十分矛盾，一方面她不願惹母親傷心，畢竟母親已經年邁，但是自己內心深處對婚姻自主的確充滿了嚮往。然而宋子文要她離家出走，離開母親，離開家，投身革命，這對一個從小生活優裕，從未離開過高牆深院的千金小姐來說，也是一道難過的坎。

她猶猶豫豫的，宋子文卻沒有時間容她猶豫了。在七小姐、八小姐去浙江錢塘江看潮的時候，宋子文就追到了杭州。他手裏捏著三張開往廣州的船票，西子湖畔，他勸兩位小姐跟他一起去廣州，說革命一定會成功，年輕人應當闖天下。他說得很認真，而兩個小姐未必全理解。

八小姐還在一邊譏笑說：「怎麼，你還想拉兩個人走呀！」

七小姐心裏很難受，思前想後，她還是離不開母親，離不開盛公館這個超級大宅門。最後掏出一把金葉子（金質的樹葉造型的禮金）交給宋子文。金葉子是當時上流社會送人的禮金，比直接送人鈔票要高雅些。她知道宋子文沒有錢，是送他作路費的。

她對宋子文說：「還是你自己去吧，我在上海等你回來。」

宋子文表示很失望，其實這也是他意料中的事情。於是手握金葉子感激地說：「我真心感謝您，這些就算是借給我的吧。」

誰知宋子文一去就是好幾年。孫中山先生要他利用他在美國學得的金融知識為國民革命服務，先是要他籌辦中央銀行，後出任行長，還擔任了廣州國民政府財政部部長，兼廣東省財政廳廳長。應

當說，宋子文在那段時間，確為國民革命立下了不小的功勞，尤其為鞏固廣東革命根據地，為國民革命軍出師北伐，提供了財政上的保證。

可是這位宋部長高官厚祿到手之後，就把上海的七小姐拋到腦後了。1927年北伐戰爭勝利之後，宋子文回到上海，那時盛家的老太太莊夫人已經去世，按說當年的主要障礙已經不存在了，他原本可以跟七小姐敘敘舊的。可是當時國民黨內部正鬧寧漢分裂，宋子文處於一個尷尬的政治夾縫之中，他一會兒傾向於武漢，一會兒又傾向於南京；一會兒覺得二姐宋慶齡有道理，一會兒又覺得大姐宋藹齡和妹妹宋美齡也有道理。他非常苦惱，而且處境一度也很危險，新上任的上海警備區司令楊虎和特別軍法處處長陳群，在他的住宅周圍佈置了暗探，他只得深居簡出，不敢走出租界，幾個月後，他先是去了武漢，最後還是倒向了南京。1930年當他再次回到上海時，已是「使君有婦」，帶了張樂怡夫人出入公開場合了。

盛七小姐沒想到事情竟會是這樣，白等了這麼多年竟是一場空，整日悶悶不樂，還鬧了一場大病。

大概宋子文還是十分珍惜那次初戀的感情的，在後來的幾十年中，他一直想方設法跟七小姐作些解釋，可是七小姐生性倔強，始終沒有給他機會。

七小姐一直到三十二歲才與莊夫人的內侄莊鑄九結婚，據說宋子文知道後很是內疚。

抗戰勝利之後，抗戰期間大批到大後方去的人又大批復員回滬，盛家的兄弟姐妹也團聚了。他們常在盛老五（盛重頤）的淮海中路大

花園中聚餐、喝茶，或是打牌、在花園裏喝下午茶。有一天七小姐接到電話，再次來到盛老五的花園喝茶，想不到走進客廳，**T.V.**（宋子文）也在場。

想必是宋子文曾透露過想與七小姐見面的願望，盛家兄嫂就熱心地安排了這次活動，為了避免七小姐知道了不肯來，事先並未告知實情。這時的宋子文已經度過二十多年的宦海風波，幾次與老蔣鬧得很不開心，也與大姐夫孔祥熙矛盾重重。或許在這種時候，他需要回到感情的綠地上散散步，多少償還一點對七小姐的良心債，以期換取內心的些許安寧。

看到七小姐走進來，宋子文主動上前搭話，表示想跟她好好聊聊。盛氏其他兄妹也力促他們「講和」。

可是七小姐一臉冰霜，甚至為受了「矇騙」還有些動怒，絲毫不肯給宋子文面子。她不需要任何解說，因為事實早已說明了一切。而且，年輕時的那段戀情，畢竟已經過去二十多年了。大家都勸她留下來共進晚餐，

盛家小姐在盛老五盛重頤的淮海中路豪宅的花園中

可七小姐不幹，站起來冷冷地說：「不行！我丈夫還在等我呢！」說完拂袖而去。

宋子文討了個沒趣，也走了。

事後每當有人問起這件事，七小姐總是說：「我才不跟他囉嗦呢！大家都有了自己的生活，何必再去惹麻煩，況且他正高官厚祿，春風得意，我何必去巴結他呢？但話也得說回來，他那把金葉子還沒還我呢！」

後來她的後代長大了，也知道了這件事。這個故事在盛家代代相傳，最後就權當一個笑話了。直到大陸改革開放以後還有人拿此開她的玩笑。比如有人要到美國去了，臨行就會說：「我到美國要是見著宋子文，一定幫您討回金葉子！」「我去美國幫您討金葉子了，您要不要一起去呀？」

七小姐的心高氣傲是出了名的，但是，天有不測之風雲，所謂三十年河東，三十年河西。盛家在後來的日子中屢招麻煩，在緊要關頭，有時還不得不求助於這個宋部長。凡到了這種節骨眼上，盛家人還是推七小姐出面的多，七小姐在不得已的情況下，只好違心地託他幫忙。有人說，盛與宋之間有一種秘密的聯絡方式，但外人誰也不知其詳。

抗戰勝利以後，國民黨肅奸部門空前忙碌，把敵偽時期「落水」的人馬基本上一網打盡了，盛老四的兒子盛毓度也陰差陽錯地被投入了監獄。

盛毓度早年曾在日本讀書，抗戰爆發後在日本待不下去了，返回上海，曾在汪偽時期的復興銀行裏做過事，很快又轉到日本領事

館當秘書。他人在敵營但與國民黨軍統頭目戴笠有單線聯繫，曾策應、營救過一些國民黨人士，只是戴笠後來飛機失事後，他有口說不清，被「掛」了起來，而且一「掛」就是十個月，儘管他不斷地寫信、寫申訴，甚至讓被他營救過的人寫證明材料，可是朝中無人就無法出獄。

　　盛家兄妹自然是急得團團轉，能動的腦筋都動了，能託的人也都託遍了，可是就是不見放人。最後，大家只好央告七小姐給宋子文打個電話，請這位宋大院長出面幫幫忙。因為宋子文的權勢當時正如日中天，出任了國民政府行政院院長，而且直接掌管了對敵偽產業的接收和處理，據說放不放人全在他一句話。盛毓度的元配夫人葉元嬋跑到七小姐家，在她面前長跪不起，幾乎是逼著七小姐打電話——你不打，我就不起來。

　　七小姐被逼得沒辦法，只好答應了。她心裏好窩囊，當初不屑於理睬的T.V.，如今倒真的要求著他了，想不到這天底下還真有過不去的橋。但是想想盛毓度畢竟是自己的親侄子，從小就在自己身邊轉悠，還是自己親手抱回來的，不能見死不救。於是答應葉元嬋：電話只打一次，成就成，不成就算了。

　　想不到宋子文那頭十分痛快，一口答應了，或許他正巴不得為七小姐做點事情，趕快了卻那塊心事。七小姐心想此事不能含糊其詞，光聽你空口說說不行，必須講好具體時間，於是苛刻地提出：「我想明天中午跟我侄子吃飯。」電話那頭一聲：「OK！」「我一定讓您明天中午跟毓度一起吃飯。」放下電話，滿屋子的人一陣狂喜，還是大人物有力道，一個電話問題就解決了。而七小姐卻覺得

一陣心酸，她明白，宋子文心裏還是有她的。

第二天中午，盛毓度果真被放出來了。

1947年，由於全國黃金風潮的影響，宋子文辭去了行政院長的職務，解放前夕去美國當了寓公，1971年在三藩市逝世。事實上在後來的日子裏，宋子文一直在關注著七小姐的生活情況，在去美國之前，還曾委託一位留在大陸的民主人士對其注意關照。七小姐晚年患病期間，宋慶齡曾委託她辦公室的同志，專程從北京到上海來探望過她，大概也與宋子文有關。

盛老五盛重頤的豪宅，是上海灘第一流的豪宅（現為日本駐滬總領館總領事的官邸）

中國第一件女權案

1927年秋天，盛公館的老太太莊夫人去世了，老公館失去了主心骨，一時方寸大亂。在遺產清理時倒有新的收穫，估計是莊夫人的「頤養費」的剩餘部分。按照盛氏愚齋義莊的規矩，應當一分為二——一半歸

盛家小姐的琴書生活，右一盛愛頤

盛家五房子孫分析，另一半歸盛氏義莊。這樣分下來，盛氏愚齋義莊實得一百四十七萬三千九百三十二兩七錢四分九厘，加上原先在盛宣懷去世時已經歸入義莊的五百餘萬兩，合計共有公有產為七百二十七萬六千九百八十九兩九錢四分三厘。按說，大家按章辦事，相安無事，天下太平，皆大歡喜。可是，七小姐的四哥盛老四又在節外生枝了。

1927年11月26日，盛老四和盛家義莊的一個董事狄巽公一起，具狀向上海臨時法院提出要求，要求將早已歸入愚齋義莊的屬於慈善基金的那部分，提出來由盛氏五房（即盛宣懷的三個兒子盛老四盛恩頤、盛老五盛重頤、盛老七盛升頤，以及孫子大房的盛毓常、三房的孫子盛毓郵）分掉，這就在家族內部引起了軒然大波。

首先七小姐不服氣，這筆基金已歸入公產怎麼還可以討回，如果可以討回的話，那麼按照民國的法律，未出嫁的女子也有繼承權，那麼就應該分

成七份，七小姐、八小姐都應有權分到一份。於是七小姐向盛老四提出要十萬銀元出洋留學。當時七小姐失去了母親，與宋子文的關係也「黃」了，極想出去走一走，散散心。另外，盛家老公館裏還有一大幫莊夫人生前用的傭人要妥善安排，她們都不願離開老公館，這些都需要錢呀！

誰知盛老四不同意，他自己錢都不夠花，何來心思顧及其他！

七小姐雖是高牆深院裏的大家閨秀，但更是上海灘上的新女性，五四新文化運動給她以很大的啟發，何況盛氏家族一向是以能領風氣之先著稱的。她決定嘗試著維護自己的權益。你不給，那就法庭上見！

1928年6月，盛愛頤把他三個哥哥（恩頤、重頤、升頤）及兩個侄子（毓常、毓郵）告上了法庭。她在訴訟狀中寫道：

「……先母於民國六年，奉先父遺命，創設愚齋義莊，以全部遺產之半作為基金，共計銀五百八十萬兩有零，為數甚巨。成立迄今，甫逾十稔。先母於上年9月間棄養，而被告兄弟叔侄，即於本年二月間，將義莊財產之六成，約合三百五十萬兩，按五房平均分析，經董事會呈請鈞院給予過戶，而於原告應得之權利，竟置之不顧。不思在此黨治之下，法律上以男女平等為原則，國民黨對內政策第十二條業已確認，而最高法院迭次解釋，亦根據第二次全國代表大會婦女運動決議案，明確未出嫁之女子，有與同胞兄弟同等繼承財產之權……法律所賦予之權利斷難絲毫放棄。前於四月十三日（下）一八九六號呈請鈞院，諭飭停止執行，以侯合法解決。旋於同月十九日奉批示，如有權利可以主張，應向相對人為之，如果發生爭議，只可訴請法院

裁判等。原告隨即委託律師函致被告，請將此項財產，依法將原告加入同等承繼。乃迄今兩月，被告等仍置之不理，殊無和平解決之望。為此請鈞院，迅予查照最高法院解釋，判令被告將此項六成莊產，與原告重行均分，以符合法例而重女權。……另有庶出胞妹方頤一人，亦尚在室，故此項莊產，應按七份均分，原告應得七分之一，約合銀五十萬兩。謹以此價額繳納訟費。合併陳明，謹狀上海租界臨時法院。」

此案在報界一經曝光，即刻引起極大反響。因為按照中國傳統的大家族析產的辦法，女子的確是沒有財產繼承權的。民國後講男女平等，雖然在政府法律條文上已經明確女子也有繼承權，但真正實行起來困難頗多，得有人帶個頭，敢於挺身而出，以法律來維護現代女子的權益才行。所以盛愛頤打的這個官司，是民國以來第一例女權案，其社會意義就遠遠超出了盛氏家族內部的矛盾和七小姐為個人爭權益的範圍，成為一個社會公眾所關注的傳統制度的改革問題，因而頗有轟動效應。這是盛老四等人萬萬沒想到的。

當時上海《申報》曾大段地摘刊七小姐的訴訟書，為之搖旗吶喊，文中還對其作了如下介紹：「盛愛頤女士為已故蘭陵盛杏蓀之嫡女，在室未嫁，最近以弟兄分析遺產之保留部分，並不遵守黨綱及現行法律、依男女平等原則辦理，乃延聘律師，向法庭起訴。盛女士為國民黨老黨員，對於革命工作，曾迭次參與機要，先總理在日，甚為重視，又與宋氏姐妹相知甚深，故此次提起訴訟，各方均表同情。現悉該案已由臨時法院定期九月五日在第八庭開審。按女子要求男女平等之財產繼承權，此尚為第一起，影響全國女同胞之幸福，關係甚巨……」

關於文中講七小姐曾參與孫中山和宋慶齡的革命運動事，現在已無從考證了，但她敢於在全國第一個打起關於女權的官司，則充分說明了她的革命膽識和氣概。

盛關頤（中）、盛愛頤（右）、盛方頤（左）

九月五日開庭之日果真盛況空前，不僅引起了社會上的廣泛關注，還引起了法律界的高度重視，因而到庭旁聽的人極多，名律師江一平、詹紀鳳亦到場旁聽。七小姐本人未出席，而是請律師陸鴻儀、莊曾笏為之代理。盛老四也沒到場，也是由律師代理。七小姐的律師陳述案情後，盛老四的律師繼起反駁，主要理由是：盛宣懷是1916年去世的，從那時起，就有了繼承權的問題，就有了財產分配的問題，然而那時並沒有關於男女平等的法律條文，所以，盛愛頤不應具有分得遺產的權利等等。接著又有盛重頤、盛升頤、盛毓常的律師出場，他們一致反對盛愛頤有繼承權。盛毓郵的律師未出庭。

後來，盛老四盛恩頤的律師代表盛恩頤表示，同意從先人的遺產中分給盛

愛頤十萬元，但是其他幾房仍是不同意，於是法庭又展開調查和辯論後，宣佈「候定期宣判」。

一個月後，法院的判決書下來了，宣告盛七小姐勝訴，應當可以分得先人的遺產五十萬元。

這一消息不僅鼓舞了七小姐，八小姐見事有可為，也大著膽子，向租界的臨時法院遞上了狀子，要求法院判決她亦有同樣的財產繼承權。法院請張正學推事承審。開庭審理時，八小姐本人沒有到場，請律師代理。而被告的五房人馬也不到場，雙方均由律師代理。律師們唇刀舌劍，各不相讓，讓眾多的旁聽者又看了一場精彩的好戲。

租界臨時法院自是支持盛方頤一方，不久又宣佈盛方頤勝訴，也應當得到該項遺產的七分之一。七小姐和八小姐在法律界的支持下，終於打勝了這場官司，拿到了自己應有的份額，儘管付出了高昂律師費。但這畢竟是一場有重要社會意義的官司，從此女性的財產繼承權問題，就有榜樣了。

在汽車間裏的最後歲月

抗戰期間盛氏家族的人發生了很大變化——盛老七盛升頤抗戰中去了重慶，是孔祥熙、宋藹齡的所謂「公館派」的人，勝利後以接收大員的身份回到上海後，開始的時候很風光，在永嘉路買了地，蓋了樓，但是不幸很快在股市上大栽跟頭。盛老五盛重頤在上海做房地產生意，原先是大發其財，大紅大紫，成為盛家後人中最富有的人，後來不幸也栽在股市上，一蹶不振。盛老四盛恩頤原本就是花錢能手，狂賭成性，抗

戰勝利時已經在花兒子的錢了。抗戰八年，盛氏家族的面貌幾乎全變了。

幾個小姐嫁得都很風光：四小姐盛樨蕙嫁給晚清上海道邵友濂的二兒子邵恒；五小姐盛關頤嫁給福建籍富商林微閣；六小姐盛靜頤嫁給南潯首富劉鏞的孫子劉儼庭；七小姐嫁給她母親莊夫人的一個內侄莊鑄九，在上海銀行做事，還主辦過上海銀行創辦的《旅行雜誌》；八小姐盛方頤嫁給揚州（江西籍）大鹽商周扶九的外孫彭震鳴。

盛宣懷的五個女兒（右起）：盛愛頤、盛關頤、盛樨蕙、盛靜頤、盛方頤

1949年上海解放，大陸易手，他們各有各的打算，各奔各的去路，很多人離開上海，有的去日本，有的去台灣或香港，也有少數到了美國。七小姐盛愛頤選擇了留在上海。可惜在上海的幾十年間，她在大多數時間過得很不愉快。

五十年代上半期情況還好，她家住在淮海中路常熟路路口附近的愉園小區8號。那是上海市中心的一處很好的聯體花園別墅區，獨立門戶，樓高三層，樓下有一方花園，七小姐在裏面種植了

一些果樹和盆花，日子過得還挺太平。平時丈夫上班，兒女上學，她在里弄裏參加些社會活動，主要是當里弄小組長，負責管理、督促街道和居民小區的清潔衛生，也參加了居民區的文化掃盲工作，幫助那些不識字的家庭婦女認字、讀報……這些對她來說都是小菜一碟，輕而易舉地就對付了。業餘她還要練練毛筆字。她能寫一手很漂亮的毛筆字，朋友中常有人來討她的墨寶，她的案頭就經常是忙碌的。1956年公私合營以後，雖然自己的固定資產沒有了，社會輿論和政治空氣漸趨緊張，但能按季度拿到定息，起碼生活還是安定、富裕的。

到了五十年代末期，社會生活漸漸亂了套。先是遇上三年自然災害，副食品供應非常緊張，有錢也買不到東西，所有生活必需品都要憑票供應，一日三餐都成了問題。後來在「千萬不要忘記階級鬥爭」的大背景下，她的丈夫莊鑄九莫名其妙地被打成了反革命；兒子莊元端被打成右派，送安徽農村勞動改造。女兒莊元貞浙江美術學院（現為中國美術大學）畢業後，由於家庭出身的牽累，被分配到福建省教書……更不幸的是到了1966年「文革」爆發時，他們的房子被造反派佔據了，家中細軟被搜刮殆盡，她被趕到五原路（常熟路附近）上一棟房子的汽車間裏居住，受盡磨難。

「文革」中住汽車間，這簡直可以成為一個特殊年代的專有名詞了。上海很多「文革」中落難的知名人士都住過汽車間，如榮德生的女兒榮漱仁、楊通誼夫婦、海上聞人魏廷榮夫婦，都住過汽車間。這汽車間，真是一種在奇怪時代負有奇怪使命的房子。說它是房子吧，它並不是可以住人的房子，因為它不通風，除了一個大門，沒有窗戶，水電抽水馬桶等更談不上了。若說它不是房間吧，在實在沒有房子住的時候，

也湊合著勉強可以避避風雨。上海在解放後的若干年中，位於西區的許多高級花園洋房的主人走了，房子由地方政府有關部門代管。既然車庫裏的車子沒有了，那麼車庫也就另派用場了，有的成了倉庫，有的就住人。當然，起初住的是貧苦百姓，普通市民，而到了十年浩劫，造反派「翻身得解放」了，那麼汽車間，就讓你們這些富人嘗嘗味道吧！

造反派給七小姐安排的汽車間比其他的汽車間還要「惡作劇」——那棟樓的化糞池口竟然就在汽車間裏！每過一段時間，就有一輛拉糞車停在門口，拖出一根長長的管道伸到那汽車間的化糞池口裏，「突突突」地抽糞……

丈夫病逝以後，七小姐就一個人住在這裏。

面對這一切變故，七小姐表現得異常冷靜。她心裏明白，「世上沒有不散的宴席」，世家大族向來都是「富不過三代」，「三十年河東，三十年河西」，「天有不測之風雲，人有旦夕之禍福」……何況盛家從盛隆開始，已經

晚年盛愛頤80歲生日時，親友們前來祝賀，左為八小姐盛方頤的女兒彭蔚宜，右是八小姐的兒媳婦

富了四代。她太明白世態炎涼了，也太明白運動是怎麼一回事，所以一切都見慣不慣，一切都順其自然了。

　　然而她那些在海外的眾多親戚和朋友，聽說她在汽車間受難，無不為之感歎唏噓，紛紛伸出援助的手，不斷寄錢寄物來。尤其在她生病的時候，她那在日本開留園飯店的侄子盛毓度，總是不斷匯鉅款來供其治病。每當又有雪茄煙抽的時候，她就拖一隻小椅子，優雅地坐到門口來，從層層煙霧中，觀看五原路上的人來人往。那時的五原路還是一個馬路菜場，路上買菜的、賣菜的人群，熙熙攘攘，川流不息。有位並不認識她的人從她門口走過，從她手持雪茄煙的坐姿，和那芳鬱的雪茄香味判斷，這定是哪個豪門望族的落難小姐了。當一位朋友告知他，這就是當年大名鼎鼎的盛七小姐啊，那人恍然大悟：「怪不得！」

　　令她安慰的是，女兒莊元貞成長為著名的工藝美術師，有多項作品在全國得獎，有的還被送到國外展出。女婿周

盛愛頤81歲生日時和她的兒子莊元端、女兒莊元貞。那時她還住在汽車間裏，眼神中卻永遠是自信

荷生擅長肖像雕塑，出任上海工藝美術學校校長，是教授級的雕塑大師；兒子莊元端的「右派」問題在改革開放之後獲得了平反，後來赴美國發展。外孫周大虎、周二虎繼承了父母的藝術細胞，現為上海建築藝術裝潢業的實力派。

七小姐活到83歲，臨終的時候，她的兒女莊元貞、莊元端和盛家許多親友都在她身邊，送她遠行。她依舊乾乾淨淨，一臉鎮靜，非常體面，非常從容。她的兒女把她安葬在蘇州郊區的一座山上，從那裏可以看到城裏著名的古典園林——留園，那是她的祖父盛康購置的一處園林式的豪華別墅，盛氏家族的祠堂當年也在那裏，是盛愛頤生前無數次住過的地方。

席家花園的四小姐席與明

一個歷史久遠的顯赫家族

關於蘇州洞庭席家，大凡老上海幾乎無人不知，因為外灘那棟最龐大、最豪華的建築、外國人在中國開設的最大的銀行滙豐銀行，原先就是席氏家族為之打理的，而且一打理就是祖孫三代人，時間長達半個多世紀，這不要說在上海灘，在全國也絕無僅有。何況在這漫長的歲月裏，與席氏家族沾親帶故的人家和家族，很多也都因為席家的關係來到上海，漸漸「捲」入了金融圈，形成了一個以席氏家族為中心的特殊群體。以至於席家及他們的「周邊」在外灘各大外資銀行中當經理、襄理、協理的，前後有三十多人次，所供職的銀行除了滙豐銀行，還有麥加利銀行、有利銀行、住友銀行、德華銀行、華比銀行、中華匯理銀行、華俄道勝銀行……

後來這些人的子孫後代和枝枝蔓蔓的親屬關係，不斷地向金融界滲透，使得席氏家

族的外延超級龐大，最後形成了在上海金融界頗能呼風喚雨的「洞庭幫」，近年來，被海外輿論界稱之為「中國近代第一金融家族」。上海老百姓中有句俗語：「徽州人雖狠，見了山上人（洞庭山）還要忍一忍！」指的就是席家不可一世的氣焰。

席家遠祖並不是蘇州人，而是北方關中人，原先所擅長的並不是金融，而是政治和軍事。西漢初年時他們居住在安定郡，東漢後期開始走出山溝溝，到朝廷去當官，這就是不少席家廳堂裏掛有「安定世家」的橫匾，蘇州洞庭東山聳立著一座安定寶塔的原因。席家在朝廷裏當官當得最大的是席豫（字建侯），官至唐玄宗時代的禮部尚書（相當於國務院部長級）。到了唐朝末年，天下大亂，黃巢破潼關時，席豫的五世孫席溫（時任武衛上將軍），帶著三個兒子避居太湖之濱的洞庭東山，從此在那裏定居下來，至今已經居住了1100多年，繁衍了40多代。最早在上海滙豐銀行當買辦的席正甫是第37世。

席氏家族蘇州東山支始祖席溫

　　席正甫與他的哥哥席嘏卿於晚清咸豐年間開始闖蕩上海灘，起初在一家錢莊裏當跑街，後來自己辦錢莊，開始吃金融飯。經過一百多年間瞬息萬變的金融風雨，席家人在上海留下了很多傳說，也留下了很多遺跡。除了席正甫、席立功、席聚星、席鹿笙等人在延安中路、淮海中路、汾陽路的豪華宅邸，還有如今更加出名的、位於東平路1號的席家花園酒家。席家花園酒家並不是席家人所開，而是別人用席家名聲、在席家的老房子裏開設的。

　　如今席家花園以美味的上海菜和正宗的豪門舊宅享譽海內外，顧客中常常會出現席家人或是席家的親戚朋友。近年來每當秋風起，大閘蟹上市，該店的餐桌前還會出現一對漂亮的孿生姐妹，她們就是席家花園的舊主人，席氏家族第40代後人，人稱席家雙胞胎，曾在這棟房子裏生活過二十年的席與昭和席與明。她們的父親是席正甫的孫子、留美學生、曾任上海中央造幣廠廠長的席德柄；母親黃鳳珠，湖州雙菱人，是絲商的女兒。

席家花園的雙胞胎

　　關於雙胞胎，在席家似乎有「傳統」。席正甫的父親席元樂及叔叔席元杖就是雙胞胎；席德柄的哥哥席德懋（民國年間中央銀行外匯局長、1948年中國銀行總經理）的兩個兒子席與中、席與和也是雙胞胎；席德柄的兩個女兒席與昭、席與明還是雙胞胎。據說席家的老人老眼光，重男輕女，席與中、席與和生下來的時候，祖父席裕光（字德輝，席正甫的三弟）非常高興，馬上叫人抱來看看，對著兩個小光榔頭

席與明（右二）、席與昭（右四）80歲生日時與親友合影。右一是她們的哥哥席與文，右五是妹妹席與萱

席與明的父母席德柄與黃鳳珠在席家花園

笑得合不攏嘴。而席與昭、席與明出生的時候，一聽説兩個都是女的，老人家一句話都沒説，回頭就去裏屋了。

雖説爺爺不是很開心，但她們的父母非常高興，非常疼愛她們，視她們為小天使。席與明是妹妹，比姐姐席與昭晚出世45分鐘。姐妹倆長得真的一模一樣，連她們的母親也耽心認錯，於是在兩個女兒身上細心地「找差距」，結果發現姐姐席與昭的一個耳朵後面比妹妹席與明多一個小洞洞，一旦弄不清誰是誰非時，就拎拎小耳朵。她們兩個不僅長得像，長大了性格脾氣也一樣，甚至興趣愛好、審美意趣都一樣，都喜歡看書和彈鋼琴。

父親的愛是理性的，每天早晨到起床時間，就推開她們的房門，拍著巴掌喚她們起床，叫她們跟他一起到花園裏去跑步。她們的大姐席與蓁比她們年長七歲，已能安排自己的起居（後來不幸在雞公山度假時染病早逝），她們雙胞胎就一左一右，跟著父親在花園裏繞圈。父親是美國留學生，早飯永遠是牛奶麥

片加麵包，雙胞胎的飲食偏向母親，喜歡餛飩、酒釀圓子、苔條酥。晚上晚飯以後，父親就要對她們進行一番英語輸入，把晚飯吃的小菜名稱用英語教一遍，第二天要提問。回答得好，大家都很高興，回答不出，小腦門上要吃一記「毛栗子」。

小姐妹長得活潑可愛，很懂禮貌，很快被人們發現是婚禮上小儐相的好角色，於是她們從四五歲開始，不斷地被親戚朋友或是親戚朋友的親戚朋友，請到婚禮上當小儐相。從那時起一直到上中學，她們從小儐相當到大儐相，不斷有婚禮上的「差事」。榮宗敬先生的公子榮鴻三結婚，無錫籍富商唐星海結婚，還有很多上海灘富家子弟的婚禮，都是她們出任小儐相。以至於在她們家三樓的一間儲藏室裏，層層疊疊地堆滿了一盒一盒的、人家送來的小儐相套裙，絲綢的、絲絨的、白紗的都有，還有很多與新郎新娘一起拍的照片，可惜這些東西在她們離開席家花園以後，都不知到哪裏去了。

上中學以前還好，反正她們沒去上小學，是在家中跟家庭教師讀書識字，時間可以自己調整。而讀中學時是讀中西女中，這所教會學校的功課特別緊，每六周要考試一次，不及格就要「吃大菜」（名字寫到黑板上），規矩也很大，必須住校，每兩週才能回家一次。她們的媽媽說，功課這麼緊，就不要去當儐相了，推掉算了。可是不行，席家雙胞胎已經爆得大名，朋友們不依，反覆來請，推也推不掉，所以，她們的儐相任務一直當到席與明離開上海為止（1941年年底）。

要說雙胞胎生活有什麼區別的話，那就是席與明比姐姐席與昭多一個媽媽，有一個乾媽，她從小得到了雙份的母愛。乾媽姓牛，是

宋慶齡、宋美齡的表妹，是著名骨科醫生牛惠霖、牛惠生的妹妹，與雙胞胎的母親黃鳳珠是極要好的朋友。同時，雙胞胎的父親席德柄在美國讀書時，曾與宋美齡是同學，這樣的關係，使兩家人家走動得很勤。乾媽從小生活在美國夏威夷，英語講得很好，中文馬馬虎虎；而黃鳳珠是湖州雙菱人，祖上就到上海開綢莊，她從小生活在上海，是中西女中第一屆畢業生，雖然英語講得不錯，但比起牛氏兄妹來說，也算馬馬虎虎。於是她們之間就有了互通有無、取長補短的需要，久之成了好朋友。

　　乾媽家有兩個兒子，沒有女兒，很想有個女兒。適逢黃鳳珠一下子生了兩個女兒，雙胞胎，她羨慕極了，於是提出過繼一個女兒，同時把一個兒子過繼給黃鳳珠當兒子。黃鳳珠原本不缺兒子，有一個兒子席與文，但兒子嘛，多多益善囉，多一個比少一個強，於是兩位母親各有所得。至於過繼哪一個女兒，乾媽對黃鳳珠說：「大的我不好意思要，就把小的過繼給我吧。」於是席與明成了乾媽家的乾女兒。乾媽的丈夫姓過，北方人，原先並不姓過，祖上在晚清避戰亂逃到上海，南下過黃河時遇到很大的麻煩，過河過不去，費盡周折才過去了，留下深刻印象，到了上海，於是改姓姓「過」。

　　兩個過家兄弟很喜歡席與明這個小妹妹，但他們生性好動，都是闖禍大王，每次到席家來，不是打破了玻璃就是敲碎了花瓶。但席與明還是很歡迎他們的到來，因為每次來乾媽都會給她帶來很多玩具和食品。她印象最深刻的是在她10歲生日的時候，乾媽送她一隻漂亮的小手錶，她高興得跳了起來。10歲的孩子帶手錶，即便是在那時的上流社會，也是一件很令人妒忌的事情。姐姐席與昭在一邊很羨慕。她

們的母親很細心，看在眼裏，等客人們一走，馬上找出一塊舊手錶戴在與昭的手腕上，兩姐妹都滿心歡喜。

席與明兩個過房兄弟中有一個叫BOOBE過，就是現在上海「紅寶石西點」的老闆，他一肚子上海灘掌故，生意很忙，常在北京和上海兩地飛來飛去。只要他得知席與明來到上海，定會前來拜訪，來時還不忘帶上他們店裏最富盛譽的栗子蛋糕。

意外的「混亂」與分手

雙胞胎在五六歲的時候，父母就為她們買來一架鋼琴，請了一位鋼琴師來家教她們彈琴。黃鳳珠是位極有責任心的母親，她認為彈鋼琴可以陶冶孩子高尚的情操，注意鼓勵女兒這方面的愛好，即便是全家到廬山度假或是到香港避居時，也不忘在當地尋找最好的鋼琴教師，指導孩子彈琴。儘管她本人並不擅長鋼琴，但她喜歡唱歌，她家的六小姐席與時也喜歡唱

席家花園夜景

歌，於是她家就常有這樣的局面——兩個女兒輪番彈琴，母親和妹妹輪番唱歌。

那時大家都認為最好的中學是中西女中，中西女中不僅有必修課，還有各種選修課，其中有鋼琴選修課（另付學費）。教學樓的三樓有一排琴房，一間一琴，每個學生配一個老師，在每天兩個小時的晚自修之後，學生還可以上琴房自行練琴，這給雙胞胎帶來很大的安慰，緊張的功課後，可以在鋼琴中泡一泡。席與昭的鋼琴老師是位英國老師，席與明的鋼琴老師是位法國老師。英國老師教的曲子古典些，法國老師教的現代些，兩姐妹之間時有交流。

1937年上海「八一三」打仗時，她們跟母親到香港避居了半年。回到上海中西繼續讀書時，她們宿舍（四人一間）的夥伴換了，來了兩個隨父母從北方南下的同學，一個是北京來的，金城銀行老闆周作民的女兒周孝珊；一個是從天津來的姓莊的同學，家裏大人在天津開地毯廠。這兩個同學都講國語，讀書很用功，給雙胞胎很大影響，她們相處的很好，週日常帶她倆到席家花園來玩。這期間席與明有個意外的收穫——跟她們學會了國語，想不到這在後來的一段特殊的日子裏，還發揮了不小作用。

雙胞胎原定中西女中畢業後一起到美國留學的，可是這個計畫被一個意外打亂了。有一個週日，她們陪一個夥伴去兆豐公園（今中山公園）相親，對方是上海灘挺有名氣的老闆張慰如的公子張長春，剛從美國留學回來，長得一表人才，他家正忙著為之找對象。誰知那張長春並沒有相中「主角」，卻相中了「配角」席與昭，主動提出跟與昭交朋友，還約她出去喝咖啡……這就給席家帶來小小的「混亂」。

　　「混亂」的受害者主要是席與明。本來她們雙胞胎總是一起進進出出的，無論什麼事情都是一起去，人家請吃飯或者看電影時，請了席與明就等於也請了席與昭；請了席與昭也就等於也請了席與明。可是張長春的出現破壞了這樣的常規，他只想約席與昭，而不想約席與明，但又不便明講，這就給席與明帶來很大困惑。有一天張長春又來約席與昭出去喝咖啡了，席與明也忙著趕快梳妝打扮。可是當她打扮停當下樓梯的時候，從窗戶裏看到姐姐先已走到院子裏了。等她來到大門口時，發現張長春的車子帶著姐姐已經開走了！

　　她又氣又惱，回頭對著媽媽哭訴：「他們怎麼不帶我去呀？他們怎麼可以就這麼走了……」媽媽一邊為女兒擦淚，一邊安慰她說：「囡囡呀，你們兩姐妹總有一天要分開的，不要老跟著姐姐了，你自己也可以很愉快呀，你不是還有很多同學嗎？」是的，席與明的確有很多要好的同學。直到現在87歲了，她還與四個當年中西女中的同學保持著聯繫，除了當年同寢室的兩個同學，還有徐玉書的女兒徐慧和運動好手張惠芳。

　　高中畢業後，按說要實施既定的留學計畫了，可是這時姐姐已經與張長春訂婚了，張長春不主張席與昭立即赴美，他說：「美國嘛，反正美國永遠在那兒的，要去嘛任何時候都可以去的，何必現在就急著去？」但席與明堅持一定現在就要去，因為她高中畢業了，應當立即升入大學。正如她們母親說的那樣，雙胞胎總有一天要分開的，這一天說來就來了。

　　當母親的總是細心地呵護著孩子們，她耽心與明一個人赴美會感到孤單，就安排老五席與萱與她同去。臨行時她們的舅舅還送來

很多絲綢料子，供她們到美國做衣服穿，藍的、黃的、白的都有，以至於到現在還沒有用完。她倆先乘船到香港，再轉乘美國總統號郵輪赴美。在香港，朋友們聽說席家兩姐妹到了香港，還以為是雙胞胎來了呢，都跑去看熱鬧，因為人們早就風聞席家雙胞胎的芳名，可是他們很快失望了：「這雙胞胎怎麼不像啊？」

剛到美國就成了斷線的風箏

席與明和席與萱在香港告別了前來送行的親戚朋友，高高興興地登上了雪白、高大的國際郵輪，第一次獨立地出遠門，時間是在1941年12月初。她們的父親在抗戰爆發之初，已經隨國民黨政府撤到四川去了，因此無法前來送行。可是她們萬萬沒想到，她們離開香港兩天之後，太平洋戰爭就爆發了，日本人偷襲了美國在夏威夷的珍珠港，太平洋上戰火彌漫，她們的旅程變成了一次充滿危險的行程了。

席與明的母親黃鳳珠

　　席與明清楚地記得，那天早晨起來，她奇怪地發現，她們乘坐的船原本通體雪白，一夜間被染成全黑了，後來聽說是船長派人連夜粉刷的，說是這樣便於偽裝，路上安全些。而且，她們的船已經改變了方向，朝澳大利亞駛去，繞了一個很大的圈子，行船六週才到達三藩市。若在平常，只需四週就夠了。她在船上每天記日記，想著到達美國後就寄給媽媽。

　　可是到達三藩市之後她才知道，這些日記已經無法寄出了，因為太平洋上正在打仗，美國已經捲入了戰爭，郵路都斷了，她們乘坐的是太平洋戰爭爆發前的最後一班船。更具威脅的是，在美國的信寄不出，那麼家裏寄給她們的生活費也收不到了。她們剛剛踏上美國的土地就成了斷線的風箏，收不到家裏的資訊，也無法告訴母親她們這邊的情況……這一切都突如其來，令兩個姐妹極為震驚。

　　在最初的驚恐漸漸平定之後，她們按計劃進入高校讀書。席與明進入加利福尼亞大學伯克萊分校，妹妹席與萱在另外一所學校。因為有中西女中的底子，她們讀書並不感到吃力。問題是她們帶來的錢很快就所剩不多了，很現實的問題是，她們必須找一份工作，用半工半讀的方式繼續讀書。她們初來乍到，兩個中國女學生，能幹點什麼呢？

　　好在當時的中國駐三藩市總領事是個熱心人，他與席與明的父親席德柄也算朋友，得知席家姐妹的難處後就積極為之想辦法。有一天總領事大人把席與明叫到辦公室，問她會不會說中國國語，她說稍微會一點。於是總領事拿出一張紙，上面印的是一篇簡單的戰事報導，

然後又從外面叫進來兩名美國軍官，三個大人坐在席與明對面，要聽她用國語念完這篇文章。

原來是場考試。由於美國將有一批軍人要到中國去援助中國抗戰，臨行要進行短期的漢語會話培訓，他們需要漢語教師。那時在三藩市的中國人大都是廣東人，會說國語的人很少，於是席與明的國語就很吃香了。她戰戰兢兢地把那篇文章唸完，總領事一揮手，考試就算通過了，於是她成了幾十名美國軍官的漢語老師。上課時的景象，席與時至今想起來仍覺得可笑——一群人高馬大的美國大兵，跟著一個嬌小的中國女孩伊呀學語；女孩與大兵之間僅有一張長條桌子，桌子對面的大兵一伸腿就伸到女孩這邊來了，嚇得她總是膽戰心驚。

後來形勢漸漸好些了，她們與家裏聯繫上了，才知道母親一度得不到她們的消息，還以為她們在海上遇難了呢，為此曾大病一場。

劉家花園的兒媳婦

在美國讀書期間，席與明遇到了她哥哥席與文的中學同學劉德麟。劉德麟是劉吉生（中國企業大王劉鴻生的弟弟）的兒子，家住上海巨鹿路845號（即有著愛神雕塑的漂亮花園洋房，現在是上海作家協會機關），在上海聖約翰附中讀書時喜歡打網球，席與文也喜歡打網球，兩家的花園裏都有網球場，所以常相來往。席與明跟劉德麟在上海時就認識了，如今都在戰爭年代漂洋過海，在遠離家鄉的地方讀書，免不了一番同是天涯淪落人的感慨。久之，友情發展為愛情，

大學畢業之後，在紐約建立了他們的
愛巢。

　　正當他們為準備婚禮而忙碌的時
候，上海傳來了不幸的消息，席家小姐
們的母親病逝了。席與明傷心地大哭一
場，一想起來就流淚，婚禮也變得沒有
心情了，做好的漂亮婚紗也沒心情穿。
她在上海時給人家當小儐相，不知穿過
多少次白紗禮裙，都是喜氣洋洋的，這
回輪到自己結婚了，卻沒有了底氣。為
了表示對母親的哀悼，他們只是簡單地
舉行了婚禮。

　　在紐約居住的時候，許多旅美華人
的太太和媳婦都喜歡打麻將消遣，也有
的喜歡吊吊嗓子在京戲曲調中泡泡，而
席與明和席與萱都不喜歡這些，她們還
是想學點本事，於是去學了速記和快速
打字，以備將來走向社會之需。

　　抗戰勝利後的1947年，她和丈夫
帶著年幼的女兒回到上海，住進劉家花
園二樓西頭那套精緻的臥室（劉吉生夫
婦住在二樓東頭套間，劉家女兒們都住在
三樓，底層是宴會廳和舞廳）。作為劉家

席與明、劉德麟夫婦

唯一的兒媳婦，席與明受到公公婆婆的熱情款待，送給她很多漂亮的首飾。除了家庭聚餐，每餐飯都徵求她的意見，並由傭人送到她房間裏。

姐姐席與昭當時還在上海，每天早晨總是在九點多鐘坐車來看她，兩姐妹多年不見，總有說不完的話。有趣的是，當姐姐九點多從劉家豪宅東頭的樓梯拾級而上的時候，正是老公公劉吉生下樓去上班的時候，所以老公公總是把席與昭當成了席與明，總是問她怎麼這麼早就出去了？

劉家人業餘喜歡養鳥、養狗、打麻將，而這些席與明都不感興趣，她業餘只喜歡彈鋼琴，可是劉家沒有鋼琴。婆婆對她說，大家庭各方面的客人多，要應酬客人，就要陪客人打麻將，於是席與明有時也坐在麻將桌邊陪陪老太太，可是老太太們出牌太慢，席與明就不斷地打哈欠……

他們夫婦在劉家花園住了不到一年就去香港了，因為丈夫劉德麟在香港有事業。在香港，他們的最開心的事情是

在六公公席聚星的舊居前（現為上海工藝美術博物館）

兒子JERRY（劉作安）的降臨人世，因是劉吉生唯一的孫子，因此也給劉氏大家庭帶來很多愉快。數年後他們移居加拿大蒙特利爾市，丈夫在那裏從事保險業，其中有一家客戶是龍蝦捕捉公司，因此他們獲得了很多品嚐優質龍蝦的機會。

獨自帶團往返中國28次

當兩個孩子都已經長大，不需要費太多心思在孩子身上時，席與明就嘗試著走向社會，憑自己的本事做點喜歡做的事情。

正好加拿大一家飛機製造公司在招募速記兼打字員，這正是席與明的強項，她那彈鋼琴的手對付打字機綽綽有餘，前去應聘，當場通過。於是她成了該公司一個部門的打字員。這個寫字間裏包括經理在內共有10名職員，全是男人，只有她一個女性。男人們不是長得人高馬大就是鬍子拉碴，只有她一個人嬌小玲瓏，乖巧得很，所以非常耀眼。何況她原本皮膚白皙，又很會保養，人家根本看不出她已經是兩個孩子的母親，全當她一個小姑娘。上班後，她每天要應付寫字間裏包括經理在內的所有職員所需的打印材料，忙也是夠忙的，但她應付得過來。小夥子們為跟她套近乎，總有一些必須「立等可取」的「急件」。

經理的寫字間在最裏面，是一間獨立的小辦公室，他總是比其他員工晚一個小時到達。小夥子們教導席與明說：「每天經理來到的時候，你要給他端上一杯咖啡，他要放五塊方糖。」席與明記住了，每天照做不誤，經理每天對她道聲「謝謝。」可是有一天經理叫她打印一份材料，材料的草稿在他辦公桌的抽屜裏，經理正好接電話，就

叫席與明自己開抽屜取。她拉開抽屜一看，發現抽屜裏放著一大堆方糖，頓時愣住了。經理放下電話說：「我又不是一匹馬嘍，我為什麼要吃這麼多糖！」

席與明窘得說不出話來，知道是門外那些小夥子在捉弄她，說不定他們正在哈哈大笑呢，氣得她再也不理他們了。可是到了耶誕節，他們又紛紛來拍馬屁，有的送她巧克力，有的送小玩具熊……

幾年後，她發現了一個極富魅力和挑戰的職業──國際旅遊。幹旅遊不就是帶人到處玩嗎？那有多帶勁呀！又能玩，又能賺錢，何樂而不為？何況國際旅遊是可以周遊世界的呀，這正是席與明夢寐以求的！說幹就幹，席與明開始到離家不遠的一家旅行社去打工，幫助賣飛機票，有時也帶團遊走各地，或乘飛機，或乘豪華郵輪，歐洲、美洲都去過。她覺得很有意思，開拓了眼界，越幹越有勁，漸漸地熟悉了這個行當的每個環節，與當地各大航空公司的業務部門也熟了，後來竟萌生了自己開設一家國際旅行社的念頭。好幾個設在蒙特利爾的航空公司有關部門知道她的打算後，都積極支持她，有的甚至送她飛機票，叫她去他們本國的旅遊點考察，連旅館也都為她安排好了，希望她將來帶團去旅遊。

於是，**VIVIEN LIEU**（席與明的英文名）國際旅行社誕生了。這個旅行社最興旺的時候雇傭了幾十名員工，開設了到歐洲、非洲、美洲、亞洲的旅遊線點，從六十年代末開始，一直運營了二十多年。這期間，世界各大旅遊勝地席與明都去過了，非洲大峽谷、日本富士山、義大利威尼斯……拍了一堆一堆的照片，她開心極了。她還有個先天的優勢，乘海輪不暈船，任憑風浪多大，她不暈船。有一次她帶

團乘海輪出遊，吃飯時遇到大風，船劇烈地搖晃，餐廳裏人越來越少，吃到最後上冰淇淋的時候，餐廳裏只剩她一個人了。

這期間她的丈夫有點失落感，覺得妻子呆在家裏的時間太少了。

這些傳統的旅遊航線一直維持到1980年代初，才被她的一個朋友的出現給打破。這個朋友是席與萱的丈夫林達偉的弟弟，名叫林達光，林達光的夫人陳女士（國民政府財政部陳行的女兒）跟席與明也是多年的朋友。林氏兩兄弟都是很有作為的人，林達偉是著名醫生，在加拿大開辦醫院很有成績，榮獲加拿大政府頒發的獎章。林達光則在國內，是宋慶齡主席的英文秘書，長期在北京工作，在中加建交的過程中貢獻卓著，也受到了加拿大政府的表彰。五十年代，國內很多豪門望族的後代都往國外跑，而林達光卻在這時帶著太太返回了大陸。

八十年代初，林達光到加拿大蒙特利爾大學講學，宣講改革開放的中國，

席與明近影（在上海家中）

103

鼓動加拿大的實業家前去投資中國。他與席與明又見面了，並邀請她去聽他的演講。林達光的演講很成功，把滿堂的聽眾都「唬住」了，來聽講者都是有一定身份的銀行家、實業家、醫生、律師和大學教授，而且大多是對中國問題有些興趣的人。

最後林達光請大家提問，他當場解答。其中一個聽眾站起來說：「聽了林先生您的演講，我們很想到中國去看看，哪怕是旅遊也好的，可是我們怎麼去呢？」誰知林達光毫不猶豫地指著台下的席與明說：「喏！你們找這位太太，她是一位成功的旅行家，她會把你們帶到中國去！」全場一陣歡呼，報以熱烈的掌聲！

席與明懵了，鬧不清是怎麼回事，因為她自1947年離開上海後再也沒有回去過。開闢到中國大陸的旅遊點？她自己還沒有去過，也還沒有想過。可是林達光這樣當眾一宣佈，等於把她給推上了歷史舞台，不去也要去了。八十年代初，蒙特利爾到中國大陸的旅遊業還未開通，席與明被「趕鴨子上架」，成了一個帶頭人。

她在會後埋怨林達光，這樣是不是太輕率了，她毫無思想準備。林達光說：「怎麼輕率？我把遊客都給你召集好了，你儘管帶著去好了！要不你自己先走一遍，眼見為實。中國國際旅行社那頭我給你聯繫好。」就這樣，席與時先獨自一人來到北京，然後去了西安、四川、桂林、廣州、杭州……尤其是在桂林，她被那名不虛傳的甲天下的美景吸引住了，決定組團來華。儘管那時國內的旅館設施和服務她不敢恭維——她到北京的第一夜就沒睡好覺，雖然是住北京飯店，但那衛生間的自來水龍頭擰不緊，滴答滴答地到天明……在西安，她走進賓館大廳，第一看到的就是牆上有一個大洞，北風正呼呼地往裏吹……

此後她每年親率一個團或者兩個團到中國來，共飛了28個來回。箇中甘苦，令她至今想起來仍唏噓不止。

87歲高齡向鋼琴十級衝刺

席與明從小喜歡彈鋼琴，高興的時候彈琴，不高興的時候也彈琴，只要有鋼琴在身邊，她的身心就永遠年輕。遺憾的是她在很長一段時間裏，身邊並沒有鋼琴，原因之一是，丈夫劉德麟不喜歡看到她整天彈琴，認為她只要彈起琴來什麼事情就都忘了。1990年代初，她從工作崗位上退休了，不久丈夫也因病去世了，她在兒女的建議下，搬到了氣候比較舒適的溫哥華居住，女兒一家也住在附近。兒子女兒都要忙工作和家務，怕她平時一個人孤單，兒子JERRY就為她買來一架鋼琴，供她消遣。沒想到這給她的生命帶來了新的興奮點，她變得年輕了許多，甚至全身心地撲到鋼琴上去。

最大的愛好是彈琴

有一天她正在練琴（沒有琴譜，只是隨意彈一些過去學的曲子），忽然聽到有人敲門，開門一看是個俄羅斯小夥子，年齡跟她兒子差不多，說是他在樓下聽到有人在彈琴，想進來看看。進來吧！席與明原以為小夥子出於好奇心，誰知小夥子竟是個職業鋼琴家，手下立即流出了非常流暢的樂曲。他說他住在12層，家裏有很多曲譜，如果有興趣的話可以拿些曲譜來練練。席與明還以為是客氣話。有一天她在樓下散步，12樓的小夥子在樓上招呼她上去，她在他家看到了一整櫥櫃的曲譜，於是小夥子抽出幾本，叫她回家練習，他有空會來「檢查作業」，無形中當起了席與明的老師。

後來才知道，小夥子祖上幾代人都是音樂家，是在俄國十月革命的時候逃到加拿大的，他正在溫哥華一家樂團任職，儘管演出任務很忙，但他願意義務指導唯一的一名學生——席與明。很快，小夥子成了她的老師，並且跟JERRY也成了好朋友，他們常在一起欣賞和評論席與明的彈奏，還在一起合計——光這樣彈彈玩玩不行，應當去考級，依現在的水平，再努力一把，完全能夠應付考級！

於是，彈琴不光是自娛自樂了，變成了正式的功課了，老師不斷地佈置新的練習曲譜。在有好的鋼琴獨奏音樂會時，老師會買好了票子叫她去觀摩。考級也是老師安排好的，每年到了鋼琴考級的時候，英國的權威組織就會派人來溫哥華，到時候老師就陪同席與明一同前去。她從6級開始考起，每年上升1級，現在已經通過了9級，正在向鋼琴10級衝刺！

由於兒子JERRY現在來到上海工作了，席與明也來上海買了房子，每年來住一兩個月。每次來上海都要帶上老師關照必須練習的

鋼琴曲譜，那些曲譜都被席與明翻爛
了，她不敢懈怠，因為回去後要向老
師彙報的。

　　席與明在練琴時旁邊常常放著一個
電話，電話的那頭是姐姐席與昭，姐姐
在三藩市，也要常常聽到她的琴音。

參加外孫的婚禮。左二席與明，左一是
兒子劉作安（JERRY），右三是女兒劉
瑞珠

席家花園六小姐席與時

東平路上的席家花園

上海東平路1號的席家花園,原是一處占地三畝多的老式花園洋房,樓高三層,紅頂黃牆,內部裝潢非常講究,凡是有木質裝飾的地方都有精美的雕花。小樓底層的南部有一道漂亮的內廊,中間突出,兩側向北收斂,兩根乳白色的大理石柱一左一右,非常典雅。從內廊望出去,可見一片寬闊平整的草地,草地上散置著休閒的遮陽傘、小巧的竹椅竹凳、孩子們的玩具,還有一個網球場,朋友們來了拉上網子就可以打球。

這個地方現在以席家花園酒家旗艦店聞名海內外,所經營的正宗上海菜在不勝枚數的餐館中,獨樹一幟。儘管小樓南部的花園和草地已經蕩然無存,只剩下一棟小樓,而且原先窄小的後門現在成了大門,規模遠不能與當年相比,但是衝著席家的名聲、小樓內豪門生活的復舊場景,以及

上海灘名門閨秀

酒店出色的本幫菜肴，每天賓客仍是
絡繹不絕。

　　不少市民以為這是20世紀40年代
中國銀行總經理席德懋的老宅，因為
最初席家花園酒店的廣告上也是這麼
説的。其實他們弄錯了一個字，不是
席德懋，而是席德柄（又寫作席德炳，
1892－1968），是席德懋的弟弟。席
德柄雖然名氣不如他哥哥大，但也是
民國金融界的重要人物。他早年留學
美國，是麻省理工學院（MIT）的工科
學士，功課極好，畢業考時是同屆畢
業生中的第一名。但是他回國後長期
從事財稅、金融工作，曾任北洋政府
時期的財政部秘書、江海口內地稅局
副局長、江漢關監督、中央造幣廠廠
長、復興貿易公司總經理，抗戰勝利
後還擔任過上海阜豐麵粉廠（即解放後
的上海麵粉廠）總經理，其中任中央造
幣廠廠長時間較長，因此在民國金融
界也頗有影響。

　　席德柄之所以留學讀的是工科，
而回國後幹的卻是金融，這大概與他

席家花園的六小姐席與時

席與時與父親席德柄在紐約

們席家的金融地位和經營傳統有很大關係。他出生於蘇州東山席氏家族，這個家族是中國近現代著名的金融家族和買辦家族，出了一大批很有影響的銀行家和實業家（僅外資銀行買辦就有十多個），在百年上海灘頗能呼風喚雨，被稱之為銀行界的洞庭幫。近代中國最大的外資銀行滙豐銀行的買辦席正甫，就是席德柄的祖父，而且從席正甫之後，席家祖孫三代都相繼擔任滙豐銀行買辦，時間長達半個多世紀，這在近代史金融史上獨一無二。席正甫在位的時候，一旦清政府有了急難，李鴻章、左宗棠等封疆大吏就會親自與席家聯絡，商借款項，因此席正甫也獲得了清政府的賞識，由李鴻章保薦，賞給二品銜紅頂花翎，也成了一個紅頂商人。席家在滙豐銀行的末代買辦席鹿笙，是席德柄的堂哥。身處這樣一個金融世家，如果不進入金融界，似乎成了不可思議的事情。席德柄是這個金融世家的第三十九世孫（蘇州東山席家的始祖是唐代末期擔任武衛上將軍的席溫，至今已繁衍了40多代，歷時1100年）。

席德柄的哥哥席德懋在金融界更顯亮眼，他是科班出身的金融家（英國伯明罕大學商科碩士，與徐新六、胡孟嘉是同學），回國後先是自營國際匯兌，又出任華義銀行買辦，北伐戰爭後進入中央銀行，被財長宋子文依為臂膀，任業務局局長、匯兌局總經理，1948年任中國銀行總經理。不過席家兄弟與宋家還有一層親戚關係，即席德懋的小女兒席梅英嫁給了宋子文的弟弟宋子良。

因此席家花園所處的方位就很有講究了，是傳統上海人心目中頂級的家居地段，況且與東平路9號的愛廬（蔣介石和宋美齡的別墅）是近鄰，與宋子文的豪宅（岳陽路145號）也相距不遠，周圍環境幽靜，綠

樹成蔭，花園挨著花園。法租界公董局的總董白宮和著名的洋大人司比爾門的豪宅，也都在這一帶。

如花似玉的席家七姐妹

席德柄的夫人是浙江湖州雙林黃家的小姐黃鳳珠（黃家是雙林大戶，黃家祠堂舊址現在仍在），天生一副典型的江南美女身段。他們有八個孩子，一男七女，唯一的兒子叫席與文，長得像父親，長臉，而七個女兒都像母親，個個出落得如花似玉。所以席家花園裏不僅老太爺席德柄出名，他家一群漂亮的小姐們名氣也不小。她們大多都在市西女中讀書，住讀，抗戰之前家裏有汽車接送，週一早晨送去，下一週的週六再接回來，每兩週才能回家一次。那時用汽車接送孩子讀書的人家並不少，但是從一部車子上接連跳下一群花枝招展的小姐的人家並不多。尤其一對雙胞胎女兒席與昭、席與明（老三、老四），聰明伶俐，活潑可愛，能唱能跳，打扮入時，經常被辦婚慶的大戶人家「借去」當小儐相。她們兩個不僅相貌長得相似，性格脾氣、生活習慣也差不多，甚至審美觀點、興趣愛好都相似。若干年後，她們一個在紐約，一個在東京（旅遊），相隔千里萬里，竟然在差不多的時間裏，不約而同地買了一條花色完全相同的真絲圍巾。巧的是她們的伯父席德懋家也有一對雙胞胎，不過是男孩，即席與中、席與和，他們大概也少不了男儐相的角色。

席家小姐都出生在席家花園裏，抗戰前她們一家過著十分平靜的生活。父親上班，她們上學，母親在家料理家務。家裏有五個傭人，

分別是司機、園丁、廚師、門衛和一個
女傭,一般家務事並不很費心。她們經
常在週日跟著母親乘車上街購物,在秋
冬季節,她們總是一身漂亮的羊毛衫,
那是她們的母親親手編織的。母親手很
巧,能變出很多商店裏沒有的花樣。她
很有文化修養,是市西女中第一屆畢業
生,英語自然很過硬。在翻閱外國報刊
時,就刻意留心報上明星們的穿著,尤
其是當時很走紅的童星秀蘭‧鄧波兒的
穿著,慢慢就會照那樣子用毛衣針編織
出來。她用自己的愛心,使女兒們出門
的時候,一個個總是鮮亮無比,讓世人
眼前一亮。

青年席與時

　　席與時是席家六小姐,這是男女
「混排」的叫法,如果光算女兒,她是
老五。她長得比她的姐姐們更像她們的
母親,圓圓的臉,皮膚白皙,一對大眼
睛總是流露著溫柔和同情心,初相識的
朋友,還以為她是一個弱不禁風、隨時
會哭的小女孩。其實,她性格中還有非
常沉穩、內向、堅強的一面。她喜歡獨
立思考問題,獨立解決問題,而不大

喜歡出頭露面，有著外柔內剛的特性。她在讀小學的時候就萌發了一個志向——將來長大了一定要當老師，而且要當瞎了眼的小孩子的老師！這個志向的產生，與她小時候在上海的一段生活經歷大有關係。

席家小姐跟許多老上海一樣，喜歡吃老大房的蘇式甜點心。家裏汽車一旦有事外出的時候，她們就乘黃包車去老大房，抗戰爆發後他們的父親去重慶，家裏沒有汽車了，就更多地仰仗黃包車。可是點心買好後常常會遇到令人掃興的情況——當她們手捧著點心紙包，高高興興準備上車的時候，冷不防從旁邊竄出一幫小叫化子，上來就把她們的點心搶走了！席與時先是感到害怕和驚奇，怎麼會有這樣的事情？遇到幾次以後她漸漸明白了，那些窮孩子個個衣不遮體，看來的確是餓極了，就漸漸原諒了他們，不僅不憎恨，反而產生了同情心。尤其當她看到有些瞎了眼的小孩在路邊乞討的時候，總是忍不住要掏出一點零食給他們吃。那時她不明白，為什麼這些孩子會到這種境地，他們的爸爸媽媽到哪裏去了？為什麼沒有人來管他們？

漸漸地，還不到十歲的席與時就發誓，長大後一定要當老師，不僅要當盲童老師，還要辦一所盲童學校，叫街上所有的瞎眼小孩都到她的學校裏來唸書！讓他們也過上開開心心的日子。這個誓言在後來的很長一段時間裏，幾乎成了她的生活目標。

戰爭使一家人星散四方

俗話說「富不過三代」。席家到了席與時這一代已富了四代。她們原先生活很優裕、體面，無憂無慮，不必去想讀書和娛樂之外的事情，可是1937年日本鬼子在上海打仗後，她們的生活發生了巨大的變化，麻煩越來越多了，甚至噩耗不斷地向她們襲來。

抗戰期間其父隨國民黨政府撤退到重慶去了，哥哥席與文赴美國留學，母親帶著她們姐妹仍留在上海。這期間上海的形勢越來越緊張，日本人的勢力已經滲透到租界裏來了，社會治安也很不好。當時席家的大小姐已經病逝，其餘女兒只有老三席與昭已經出嫁，嫁給滬上富商張慰如的長子張長春，其他的仍在讀書。其母為女兒的安全和前途考慮，千方百計託人，把她們送到美國去讀書，那正是太平洋戰爭爆發的前夕。首先安排上船的是年齡大些的席與明和席與萱。

誰知她們走了不久，就傳來一艘美國郵輪在夏威夷海邊被炸的消息，日本人跟美國人開戰了。那時資訊很不靈通，無法知道被炸的究竟是哪一艘船，席家人心急火燎，按照行船的日期推算，認為兩個小姐一定是遇難了。這個消息對她們的母親是個致命的打擊，頓時癱軟下來，吃不下，睡不著，身體大虧。雖然後來明白了被炸的並不是與明、與萱乘的那艘船，但是她們母親的身體已經無法康復了，加上戰時藥品緊張，得不到及時有效的醫治，不久竟去世了。而那時席與時只有十二歲，正在讀初中一年級，老七席與景和老八席與韻都還是小學生。

天真爛漫的時代

這時席家花園裏只剩下三個小女孩兒，年僅十二歲的席與時成了大姐姐了。她們與三姐、三姐夫在親友的幫助下，料理完母親的喪事，不忍心天天從母親居住的房間門口走過，就住到三姐席與昭家去了。三姐夫張長春是個非常熱情、豪爽的男子漢，二話不說就接納了三個小姐妹。

可是這樣暫時平靜的日子也不太長久。幾年後抗戰勝利了，她們好不容易盼到父親回到上海了。儘管父親不再擔任中央造幣廠的廠長和復興貿易公司的總經理，而是在一家著名的私營企業——上海阜豐麵粉廠（中國第一個麵粉廠，創辦於1897年）當總經理，畢竟一家人可以團聚了，她們可以回到久違了的席家花園了。但是她們又面臨了一個很大的新問題——首先是她們必須要面對一位新的母親（席德柄於妻子去世後在重慶娶歐陽氏為繼室）和新母親的女兒（該女兒沒有住進席家花園）；再則，於她們很有恩的三姐夫張長春家裏也出了事，三姐夫的父親因

生意上的事情，一時弄得非常緊張，張長春不得不拿出大筆的錢財，甚至變賣家中的首飾和財產，輾轉託人，以求息事寧人。

更加令她們恐怖和悲痛的是，她們最小的妹妹席與韻，有一天突然間不在人世了！那是一場五死二傷的慘劇——1948年3月29日席與韻跟父親、後母以及其他親戚朋友一起乘車去常熟春遊，車行到太倉縣境內，不幸發生了車禍，車上人五死二傷⋯⋯

面對這一系列突如其來的變故，天真爛漫的席與時漸漸變得成熟了，她逐漸明白了，社會簡直是個不可探底的「魔幻世界」，富貴榮華說來就來，說走就走的，生活的路不會永遠陽光燦爛、風和日麗，要想成為生活的強者，就必須堅強起來，勇敢地面對現實，闖自己的路。

1948年以後，父親把她和妹妹席與景也送到了美國，分別進入高等院校讀書，從此離開了席家花園。但是父親很快也退休來到了美國，與陳立夫等當年的黨國大員一起在紐約郊區經營一家小農場，在大陸的房子等固定資產無法帶出，家中經濟後盾自然不那麼堅實了，儘管手中有很多阜豐麵粉廠的股票，但是遠在美國，後來也都成了沒用的東西——她就必須以新的姿態投入未來的生活。

紐約盲童學校的女教師

席與時總也忘不了那些流浪上海街頭的可憐盲童，在美國讀大學的時候，她選擇了主修社會學、副修心理學，大學畢業後又去哥倫比亞大學的師範學院讀了兩年師範，考取了教師資格證書，同時又設法

學習了盲文。然後，她真的來到紐約郊區，進入了紐約州辦的一所當地最大的一所盲童學校當教師，實現了她童年時的願望。

由於當時醫療技術還不夠發達，美國醫院裏對早產兒的養護總是用接氧氣的辦法，幫助這些過早來到人間的小生命進行呼吸。不幸的是氧氣往往因為輸入過多，而對新生兒的眼神經造成了破壞，致使這些孩子雙目失明。因此美國的盲童學校就不得不辦得很有規模。席與時所在的學校有三百多名盲童，她的班上有十幾個盲童小孩，他們實際上並沒有到讀書的年齡，只是幼稚園的孩子，一般家長週一把孩子送來，週六把孩子接走。也有的家長覺得這樣的孩子是個永遠的負擔，就把孩子放棄了，送來了就不再來了，這樣的孩子就成了孤兒。

席與時非常同情這些不幸的孩子，她住在學校裏，日夜跟孩子們在一起，不是母親，勝似母親，給孩子們溫暖的照顧，耐心地教他們讀盲文，天氣晴朗

席與時（中）成了紐約盲童學校的女教師（此為紐約報界對她的報導）

的時候，就帶孩子們到草地上唱歌，做遊戲，等這些孩子長大一些，就盡可能地教給他們獨立生活的本領。她的工作得到了校方和社會的好評，當地兩家報紙分別對她的工作做了報導，還刊出了她的工作照片。

幾年後，她與張南琛先生結婚了，家住在紐約市區。因學校在郊區，往來學校不方便了，她就來到當地政府辦的為成年盲人服務的慈善機構中工作，主要是組織和管理出版盲文書籍，幫助成年盲人閱讀，直到她成為一位母親為止。

按照她的原計劃，她原本是要回上海辦一所盲童學校的，但是1949年以後，她的家人和親戚朋友大都來到了美國，她的丈夫張南琛在紐約從事金融工作，無法離開，所以辦學校的事情，就始終是她一個遺憾的夢。

玫瑰花車上的席與時

在張家最困難的時候嫁到張家

席家姐妹的婚嫁各自都有點小故事。與昭嫁給上海富商張家；與明嫁給劉吉生的兒子劉德麟（劉家花園就是巨鹿路上現在作家協會所在的「愛神花園」）；與萱嫁給廣東籍的著名醫生林達偉；席與時嫁給南潯張家之後張南琛；席與景嫁給原燕京大學歷史系的陳教授。

有趣的是，她們中好幾個家庭，或多或少都與孫中山先生及其家庭成員有些聯繫。如席與萱的丈夫林達偉與孫科先生是非常熟的朋友，他在加拿大創辦了一家醫院，卓有成績，獲得了加拿大政府頒發的獎章；林達偉的弟弟林達光則在美國一所大學畢業後回到了中國大陸，任宋慶齡的英文秘書，在中國與加拿大建立外交關係的過程中，參與大量具體的聯絡工作，促進了中加友誼的發展，因此也獲得了加拿大政府頒發的獎章。儘管他們兄弟兩個多年不見，政見不同，音訊不通，卻都在孫中山先生的親屬身邊，為中加兩國作出了突出的成績。席與景的婆婆是廣東人，是旅居美國檀香山的老華僑，她的娘家與孫中山先生一家很熟，對孫中山先生領導的民主革命也有過貢獻。席與時嫁的南潯張家，更是一個與孫中山先生有密切關係的家族，張南琛先生的二叔公張靜江就是一位被孫中山譽為「民國奇人」的民國元老，張氏家族的張乃驊和張秉三也都曾在孫中山麾下工作過。

南潯張家在一百年前就是海上望族，這個家族中最出色的儒商是張南琛的祖父張石銘，既是著名的藏書家，又是知名的房地產商，擁有上海大世界、杏花樓、一品香等著名的地產。席與時的公公（即張南琛先生的父親）是中國的錢幣大王和著名古玉收藏家張叔馴，創辦了

中國第一個古錢學社，還創辦了中國第
一份古錢學雜誌《古泉雜誌》。1935
年，中國和英國在倫敦聯合舉辦中國古
代藝術品展覽會的時候，故宮的古玉藏
品還不及張叔馴的精美，就向他商借
了六十五件古玉藏品，他是那次展覽會
唯一的一位被商借展品的個人，可見藏
品之精。他們家在上海淮海中路（過去
叫霞飛路）的老房子，當年占地27畝，
是個有著四個網球場的大花園，非常氣
派，其中一棟小洋樓，就是現在上海交
響樂團所在地……

1954年，張南琛、席與時在蜜月中

　　可是抗戰爆發之後，張南琛一家與
他的二叔公張靜江一家到了美國，在中
國大陸的所有產業，由於種種原因，最
後都化為烏有。在美國，有一度由於生
意得法，張南琛的父親曾經非常富有，
把家搬到紐約著名的花園大道，那是只
有上流人士才住得起的貴族區。但是在
抗戰勝利之後，由於戰爭需要的軍需品
的大量過剩，美國的戰時經濟快車不得
不一下子嘎然而止，整個經濟局勢發生
了巨大的動盪，反映到股市上就是股價

暴跌。不幸的是，張家在這場股災中慘遭打擊，賠進了幾乎所有的財產。當時張南琛正在大學讀研究生，他得知這一家庭變故後，立即自行中止了學業，參加工作了。

1954年，席與時正是在張家最困難的時候嫁到張家的。那時公公已經去世，婆婆是家庭婦女。金山銀山一夜間消失了，他們必須過普通人的生活。但是，這一切在席與時看來都不重要，重要的是家庭的文化底蘊和丈夫的人品品位。事隔多年以後她才知道，她和丈夫度蜜月的400元錢，當時還是借來的。

席與時決心與丈夫及婆婆共同來挑家庭經濟重擔。在他們購買第一處房子時，資金不夠，她就主動拿出自己的寶貝首飾，作為補貼（儘管後來並沒有用上）。當時買下的房子很小，只有兩小間，兒子出生後，孩子的小床沒有地方放，只好放在一個不用的浴缸上。席與時的眼光沒有看錯，她的丈夫張南琛是個極富事業心和家庭責任感的紳士，經過艱苦奮鬥，很快成了知名的金融專

張南琛、席與時夫婦在遊船上。他們常到各地旅行

家，在美國著名的史密斯信託公司工作
多年後，自己獨立出來開金融投資公
司，直到年近八十歲了才退休。

　　如今他們有三個孩子，女兒張貽
倫是著名律師，在美國一所著名大學獲
得法律博士後又來到北京，攻讀中國人
民大學的法律博士，如今是雙份兒的法
律博士，畢業後曾擔任美國福特基金會
援助中國法律項目的首席執行官，在北
京工作了二十年，現在是中律原法律諮
詢公司的老總，總是奔波在中美兩國之
間。兩個兒子張貽仁和張貽智，一個是
建築設計師，一個從事經貿工作，都是
年富力強，學有專長的實力派。三個孫
子活潑健康，個個都像小老虎。2004
年，在兒女們為他們舉辦的結婚五十周
年的慶宴上，三個孫子一起為他們獻上
了一個特大型的奶油蛋糕⋯⋯他們三代
人各有專長，各有所成，相互關心，相
互鼓勵，其樂融融。每年盛夏，他們
都會從四面八方來到加拿大溫哥華，
在他們的一棟別墅裏三代人大聚會，
共同度假。

大兒子張貽仁結婚時，眾親戚來賀。前
排右三起是席家姐妹席與明、席與萱、
席與景、席與時、席與昭

婆媳和睦相處四十多年

　　席與時婚後一直與婆婆生活在一起。婆婆徐懋倩是桐鄉烏鎮人，也是大家閨秀（娘家當年號稱烏鎮首富，也是世代從事蠶絲業的大家族），是個能屈能伸、萬事想得開的明智老太太，享年98歲高齡。他們婆媳在一起生活了44年，始終和和睦睦，無論遇到什麼事情，都是好商量的，沒有一句閒話。媳婦碰到什麼不開心的事情，婆婆就會耐心地開導；婆婆一旦有什麼需求，媳婦總是盡最大努力去辦到。

　　婆婆跟上海的很多老太太一樣，喜歡跟老朋友玩小麻將。有一段時間她們家住在郊區，而婆婆的麻將「搭子」住在紐約城裏，席與時夫婦就每天開車接送。後來他們搬到美國西部三藩市海邊的一座美麗的小山上住，那裏碧海金灘，陽光明媚，氣候適宜，他們夫婦和孩子們都很喜歡，但是住了一段時間後，婆婆不喜歡了，認為上山下上不方便，那麼就另換地方。

　　老人到了晚年喜歡獨自住矮平房，喜歡在草地上走走，席與時夫婦就開車帶她滿城轉，到處看房子，她喜歡哪裏就給她買哪裏的房子。最後看中了一處在洛杉磯郊區的房子，那裏原先是一個輪船公司老闆的鄉村別墅，有幾千畝地，起伏的坡地上散置著許多各式各樣的精緻的小房子，梅花鹿和孔雀在樹林邊悠閒地走來走去。這處莊園後來成為地方政府辦的專門賣給老年人居住的一個小區。老人搬進去後，感覺很好。房子找好了，保姆也找好了，但是麻將「搭子」還沒有，他們夫婦就又忙著為老人找新的「搭子」。把老人安頓好後，他

們就把家搬到了離老人的住處只有20
分鐘車程的地方，便於每天驅車前去
看望。

　　現在，席與時自己也步入老年了，
他們夫婦沒有和子女住在一起，也沒有
請保姆，一切生活完全自己打理，權當
鍛鍊身體。精神好的時候，他們隔一兩
年就要回一次上海，看看親友，也去席
家花園老房子用餐，看看老房子。她依
舊衣裝典雅，顧盼有儀，皮膚白皙，頭
髮一絲不亂。不談往事時，她常優雅地
微笑，若談起往事，總不免要生出許多
滄桑之感。

二人世界轉眼間成了一個大家庭（每年
暑假，他們一家三代人在溫哥華度假）

文博泰斗徐森玉之女徐文綺

徐家三代才有了一個閨女

　　國內文博界的老人都知道，上海博物館的老館長徐森玉家有個既漂亮又厲害的大小姐，很受寵愛，家裏一旦有什麼要緊的事情，總是要大小姐出來拿主意的。這位大小姐就是後來嫁給著名詩人王辛笛的徐文綺。

　　說大小姐漂亮，可能是因為遺傳。徐家是浙江湖州菱湖鎮人，那可是有名的魚米之鄉。俗話說「一方水土養一方人」，徐家男女老少都面目輪廓清晰，皮膚白淨。徐文綺的祖母是著名刻書世家閔氏的後代，是當地出名的美人。徐文綺的生母是江蘇泰州人，那又是個才子佳人滿坑滿谷的地方，據說老人家的皮膚就像綢緞似的光滑。或許她的先輩們超水準地、把美的基因慷慨地傳給了她，使得她顧盼之間，總帶有一股江南的靈氣和仙氣，以至於一輩子無論走到哪裏，總是「招惹」來很多意向複雜的目光。

　　説她厲害也有厲害的道理，「物以稀為貴」嘛。徐家不曉得怎麼回事，一連三代陽氣過盛，生的全是光榔頭。每到媳婦臨產，徐家老的少的都聚在堂屋裏靜候佳音。一聽説生下來的又是個光榔頭，大夥兒一哄而散——「沒勁！沒勁！」直到徐森玉的弟弟徐鹿君娶妻成家，才算「天上掉下來一個林妹妹」，大家皆大歡喜，何況還是個小天使般的漂亮閨女！這在徐家還能了得嗎？這麼一來，徐文綺就成了徐氏大家族的掌上明珠——徐森玉三兄弟共同的寶貝疙瘩。從小就受到眾多長輩的過分寵愛，小姑娘不厲害也變厲害了。

　　在徐文綺兩歲的時候，她那多年盼望有個女兒而未能如願的伯父徐森玉，請求弟弟徐鹿君把小文綺過繼給她。徐鹿君處於兄弟情深，只好割愛了。好在徐鹿君的夫人後來又生了一個女兒徐文湘，小名小毛，不過那是八年以後的事情了。

　　徐森玉的父親去世得早，家道中落。他們三兄弟沒有分家，先後都離開南方來到北京，同住在一個四合院裏，一個鍋裏吃飯。徐森玉民國後任北京大學圖書館館長，又兼任故宮博物院古物館的館長。弟弟徐鹿君先後在北京和天津的銀行界、教育界、政界任職，生活上衣食不愁。他們的大哥徐守之年輕時出外做事，供兩個弟弟上學讀書，中年喪偶後也沒有續娶，就跟兩個弟弟住在一起，三家人就像一家人一樣。

　　徐森玉三兄弟之間有時也有點矛盾，那多半都是為了這個寶貝女兒。徐鹿君夫婦比較理智，儘管名分上降格為「三叔、」「三嬸」，但是對女兒的愛是屬於有原則的愛，對女兒的任性還是會嚴格管教的。而徐森玉對女兒的愛是無原則的，萬事都依著女兒的心思，只要

女兒一天到晚樂呵呵的，要頭也肯給。
而對親生兒子徐伯郊就不同了，完全是
另外一副面孔，嚴令他讀書成才，稍有
不對就嚴加訓斥。一旦管理層出現了分
歧，大小姐就高興了，反正有靠山在，
愛怎樣就怎樣，大人的話想聽就聽，不
想聽一甩門就走了，動不動就把「三
叔」晾在那裏了。

小學生徐文綺（右一）與生父徐鹿
君（右二）及兄妹

　　這在大家族生活中是非常犯忌的，
照理說小孩子只有規規矩矩低頭垂首聽
指示的份兒，豈有對大人甩門的理？有
一次氣得她「三叔」拍桌大吼：「你看
看！你看看！慣成什麼樣子了！」「三
嬸」則逢人就皺起眉頭，憂心忡忡：
「這麼大的閨女了，腳也不裹，也不動
個針線，將來怎麼嫁得出去呀！」。

瞞著父母偷偷考進天津南開

　　徐森玉是著名的古籍版本目錄學專
家，平時交往的都是些飽學之士，不僅
有著名學者、大學教授，還包括一些名
重當世的晚清老翰林。平時晚飯之後或

是週末、週日，常要各家走走，這時總要把寶貝女兒帶上。他們一老一少，有説有笑，其樂融融。朋友們打趣地説，這小姑娘是徐森玉的「小尾巴」。

「小尾巴」長得機靈活潑，無論什麼場合都不怯場，很討長輩們喜歡，所以跟著父親後面，也常有所獲。今天這個叔叔送本小本子，明天那個伯伯送枝毛筆。在高層次的文人圈子裏「泡」久了，對中國傳統的故紙堆也發生了興趣。心氣高昂的徐文綺曾有志當一個文學家或是歷史學教授。

在後來的幾十年中，她手邊一直保存著陳寅恪先生的哥哥陳衡恪（師曾）送給她的一個小墨盒和兩把小銅尺。這都是跟父親串門串來的。那個墨盒也是銅質的，上面還刻了陳先生自己刻的山水畫。徐文綺非常喜歡這兩件文具，由此對書法也產生了興趣，幾十年間都帶在身邊，甚至當了母親以後依舊如此。可惜這些故物在十年浩劫中都被造反派抄走了，從此下落不明，她為此深深地遺憾。

徐森玉的書法在朋友中很有名氣，常有朋友向他討墨寶。當徐森玉在桌子上鋪開買來的軸紙，動筆寫對聯的時候，就叫徐文綺站在桌子那頭為其拉軸紙。徐森玉寫完一個字，她就應當把軸紙相應地往上拉一小段。「小尾巴」玩心重，不耐心幹這種沒有趣味的事情，總是不能很好地配合，不是拉得太長了就是拉得太短了，弄得老爸總是皺眉頭。有一次老爸對她不耐煩了，說了一句：「你要是不情願拉就不要拉了」。誰知話音未落，小姑娘忙不迭地把手鬆開了。那軸紙原先是捲著的，現在這頭一鬆手，那頭立馬捲了回去，把那些字跡未乾的字弄了個滿紙烏鴉。徐森玉心中窩火但也捨不得

罵女兒，只是懊惱地跺一下腳，一個
人出去另買軸紙去了，從此再也不要
女兒為他拉軸紙了。

　　徐文綺讀小學四年級的時候，有一
次學校裏要開一個展覽會，因為她在學
生中毛筆字寫得最好，老師就叫她寫一
幅對聯在展覽會上展出。當父親的聽說
後非常高興，拿出歐陽詢的碑帖教她臨
帖，教她怎樣更好地運筆，還親自上街
為女兒選了一幅軸紙。到徐文綺正式動
筆的時候，她發現剛寫好一個字，軸紙
就被輕輕地抽上去一小塊，抬頭一看，
原來是老爸站在桌子那頭，正認認真真
地為她拉軸紙呢！

　　徐文綺從小喜歡看書，慢慢地也
動筆寫寫散文和詩歌，往當地的報刊雜
誌投投稿，一旦發表出來，老爸比誰都
高興，更加加倍地呵護女兒。徐文綺雖
然就讀北京師大附小、附中，按說考北
師大不成問題，但是她久仰天津南開大
學大名，很想前去報考。但家在北京，
她怕家裏不讓她一個人去天津讀書，就
偷偷地去報考了，心想，若考不上就自

徐文綺（左）與妹妹徐文緗

己一個人「悶掉」，就權當沒有這回事；若考上了，再慢慢跟大人們「泡蘑菇」。

那年頭能考上大學，尤其是考上名牌大學是大事情，要登報的。當地的《大公報》及時地公佈了當年南開的「登科錄」。有一天吃早飯時，徐文綺的大伯父照樣一隻手端著碗稀飯慢慢「唏溜」著，一隻手拿著張《大公報》瀏覽著。忽然看到了徐文綺的名字，就對文綺說：「真奇怪，怎麼有個人跟你的名字一模一樣！」

「真的嗎？」徐文綺興奮得一把搶過報紙，看看果真是自己的名字，才對大人們大聲宣佈：「這就是我呀！我被錄取啦！」。

大人們一片愕然——女兒能考取南開大學當然是好事情，但是一個女孩子一人在外讀書，總有些令人不放心吧？然而生米已經煮成熟飯了，南開可不是每個人都能考取的。於是，父輩眼前的「小尾巴」，轉眼成了大學生。

一頓飯兩隻對蝦的南開生活

徐文綺進入南開西洋文學系，主修西洋文學，副修歷史。南開的校園生活是豐富多彩的，女生們住在芝琴樓，除了讀書，課外活動也很豐富，看電影，看小說，演話劇，打排球，還舉行各種演講會和詩歌朗誦會。她不是書呆子，不會永遠捧著書本不放手，相反，她還是排球場上的明星。她個頭雖不是最高，但腦子反應快，動作靈活，是學校排球隊的主力之一。她非常珍愛那張全隊人馬在球場上的照片——一色的白色球服，一律短衣短褲，全體英姿颯爽，不可一

世——可惜也在十年浩劫中被造反派抄
家抄走了，從此不見當年之雄風。

　　徐文綺的國文老師是張弓老師。
他是揚州人，日本留學生，書生氣得厲
害，在中學教書時曾經教過王辛笛，很
欣賞王辛笛的才華。儘管在徐文綺進入
南開時，王辛笛已經從天津到北京念清
華去了，兩個人擦肩而過，但是張弓老
師還是常把王辛笛的作文拿到班上作為
範文，唸給女學生們聽，所以徐文綺對
於王辛笛這個名字早就熟悉了。

　　民國時期的大學師生關係有時是很
有趣的。老師多半是些窮書生（大概與
師範生可以免交學費有關），而女大學生
多數都是富家小姐，有的還家學淵源，
所以心高氣傲是常見的，一般老師是鎮
不住她們的。女學生一旦調皮起來，老
師無論如何拿她們沒辦法。徐文綺算得
上調皮的一個。她聰明又活潑，南開一
枝花，對老師跟在家裏對家長一樣，沒
有神聖感，想說什麼就說什麼，無所顧
忌。當張弓老師操著揚州口音跟她們講
過《詩經》後，徐文綺讀詩詞時，就總

南開時代的徐文綺

是模仿老師，用揚州口音拿腔拿調，惹得同學們捧腹大笑。張弓老師一臉苦笑，無可奈何：「徐文綺，你最調皮！」。

學校附近有個小飯館，富家子弟一旦嫌學校食堂的飯菜不夠過癮了，就相約前去打打牙祭。張弓老師喜歡吃家鄉的揚州炒麵，也常去解解饞。所以小飯館裏常常出現師生對吃的局面。這邊是一幫子女學生，嘻嘻哈哈地在等菜上桌，那邊一個角落裏張老師一個人獨自吞麵。女學生們可不要吃什麼揚州炒麵，而喜歡吃大對蝦，天津的對蝦名氣僅次於青島。那時對蝦一毛錢一隻，常常一隻不過癮就再要一隻。那時是1930年代初期的物價，一元錢可以買100隻雞蛋，一頓兩隻大蝦，等於吞掉了20隻雞蛋！

張老師點起菜來也是一幅揚州紳士派頭。但是一盆炒麵他不夠吃，總還要再加半盆，然後再要一碗兩分錢的木樨湯。他點菜時的吐字跟他讀古典詩詞一樣，一板一眼，抑揚頓挫。幾次之後徐文綺學會了。當張弓老師剛剛落座，夥計上來招呼時，徐文綺的「腔調」就代替老師點菜了……一桌子女學生哄堂大笑，張老師依舊是一臉苦笑：「徐文綺，你最調皮！」。

她凡事都腦子來得快，脾氣又急，一觸即發，激情澎湃，日子久了，男同學給她起了個外號，叫「煤油公主」（意思是一點就著）。若干年後，當她們這些南開的才子佳人都白髮蒼蒼了的時候，有一年去天津參加校慶活動，有位老同學送給徐文綺的禮物，竟是一條絲綢圍巾上畫了一隻煤油爐！

老師中她最佩服的是一位女教授，叫司徒月蘭，美國華僑，學問好，人品也好，還是個獨身主義者，認為女人一旦有了小家庭和孩

子，牽累太多，就幹不成事業了。所以徐文綺到她家問學的時候就感覺很安靜，很高雅，不像其他老師家裏，總是聽見孩子們大的哭，小的叫，吵得很，家裏也就很亂。她當時暗下決心，也要做學問，當教授，也不要小家庭。

老師中還有幾位印象深刻的，如英文系主任柳無忌先生，看到徐文綺翻譯的樸瑞茨雷的一篇散文，就主動推薦到一份雜誌上發表了，這給徐文綺增加了不少信心。還有教她們英國小說的黃佐臨先生，從英國伯明罕大學畢業後到南開任教，講課語言幽默，表達簡潔，令徐文綺耳目一新。

日寇炮火炸碎了她的教授之夢

1935年，徐文綺南開大學畢業了，學校有意要她留校當助教，可是她不願意，執意要出國留學，要留學回來後當教授。

這年9月，她和哥哥徐伯郊（名文炯，後來成為著名收藏家、文博專家和銀

徐文綺（中）徐伯郊（左一）兄妹與父親徐森玉（左二）及伯父、叔父

行家）來到日本，她進入日本帝國大學歷史研究院讀研究生，徐伯郊讀日本應慶大學銀行專業。徐文綺是這個學校第一位中國留學生，也是該校第一位女研究生。最初她只是粗通日文，只能一邊聽課，一邊在一家日語學校裏補習日語，同時住在一個日本教師家裏，與老師的女兒成了好朋友，就更有助於日語的學習。日本著名漢學家羽田亨得知好朋友徐森玉的女兒來此讀書，非常關心，常給她開開小灶，把她的課堂筆記拿來看，並為之補充內容。漸漸地，徐文綺明確了自己的研究目標，即鄭成功研究，因為鄭成功的母親是日本人，在日本有非常豐富的關於鄭成功的資料，她決定利用這一有利條件，多讀書，多研究。

在她赴日本留學期間，王辛笛正在英國留學。他們一個東，一個西，並沒有作鴛鴦夢。

1937年夏天，徐文綺暑假裏回國到了上海。因為那時華北局勢嚴重，日本人的勢力逐年擴大，為安全計，徐家全家已經搬到了上海升平街。可是很快蘆溝橋事變發生，抗日戰爭爆發了，北京淪陷了，日本人把南開大學圖書館夷為平地，把徐文綺魂牽夢繞的芝琴樓也給炸了，徐文綺大哭一場，決定再也不去日本讀書了。當然，也不能去南開了，因為隨著國民黨政府的內遷，南開大學跟北大、清華一樣，也內遷了。原先一心要當南開教授的徐文綺，美夢只剩下了碎片，只好先在上海找份工作，看看局勢發展再說。這是她人生碰到的第一次重大挫折。她由此真切地體會到了，個人的命運原本與國家連在一起的呀！

徐文綺中文、英文、日文都在行，人又聰明漂亮，在上海輕而易舉地考取了一個金飯碗——海關，在常德路海關總署上班。那年頭，老百姓俗稱銀行是銀飯碗，郵局是銅飯碗，而海關是金飯碗。金飯碗是有了，但是他們父女卻沒能團聚，因為父親徐森玉為轉移故宮裏的文物，率領文物車隊輾轉到大西南去了。那就是近年來文史界一再描述過的，為避戰火，中國故宮文物的一次曠世遠征。

獨身之夢被詩人王辛笛友情擊破

徐文綺到上海的時候已經25歲了，早到了女大當婚的年齡，急得她「三叔」到處託人為女兒介紹男朋友。可是，這個大小姐哪裏是好伺候的主呀，太老實、太順從的不行，牛皮烘烘的更不行，一連好多個，都被她不屑一顧。

有一天，她「三叔」突然想起來，他在銀行界的一個朋友王軼陶（王辛

徐文綺、王辛笛訂婚照

笛的叔叔，金城銀行總稽核）曾經跟他講起過，他有一個侄子在歐洲留學，學問沒説的，人品、長相也很好，與閨中小姐挺般配。「三叔」將信將疑，起初沒往心裏去，因為人們對自己的親人，總是往好裏説的。後來眼看年齡不等人，就小心翼翼地提起了這件事。徐文綺想，既然教授當不成了，學問也做不成了，那就入鄉隨俗，嫁人吧。隨便問了一句：「叫什麼名字？」誰知「三叔」竟説：「叫王辛笛。」

徐文綺心下一笑，怎麼這麼巧！

其實早在南開校園的時候，徐文綺與王辛笛也算見過一面。那時王辛笛雖然在北京清華讀書，但家在天津，每年暑假、寒假都回家過。他有一個中學要好同學叫章功敍（著名作家章靳以的哥哥），當時在南開讀書，只要王辛笛回天津，總是要找章功敍聊聊天，或是一起到什麼地方走走。章功敍當時正暗戀著南開一位女同學，這個女同學正好是徐文綺的同桌。章功敍為了向意中人進攻，就拉徐文綺作同盟軍，想通過徐文綺進一步接近他心中的目標。徐文綺這個好人也願意當，自然與章功敍也熟了。章功敍知道徐文綺喜歡文學，他自己沒有詩，就拿好朋友王辛笛的詩歌來討好她。徐文綺看了以後居然沒有嗤之以鼻，這就算是不錯的評價了。

有一年暑假，章功敍和王辛笛正在校園裏散步，正好看到了徐文綺。徐文綺剛從圖書館借書出來，胸前抱了一大摞書，被章功敍不由分説地叫住了。章功敍介紹説：「這就是會寫詩的王辛笛……這位是徐家大小姐徐文綺。」徐文綺心中沒有「鬼」，大大方方地打了招呼，幾句話後就走開了，根本沒當回事。王辛笛大概心中「有鬼」，一下子漲紅了臉，面對美人，喉嚨口堵了半

天，愣是一句話也沒說出來！事後他好後悔，好氣惱：自己怎麼就這麼窩囊廢呢！

後來，雖然有時章功敘從中傳傳資訊，也捎帶有詩歌，但「氣溫」並沒有升上去。再後來，他們一個向東，一個向西，各自留學去了，音信時有時無。誰知幾年之後，王辛笛又從「三叔」那頭冒了出來！

既然都說好，那就見一面吧。王辛笛正好回國奔喪，路過上海，他叔叔趕緊把他帶到了徐家。長輩們不厭其煩地為他們一一作介紹，生怕他們互不瞭解。兩個年輕人心中都好笑——這難道是天意嗎？怎麼又見面了？這回王辛笛不窩囊了，還為徐文綺帶了一把英國的自動摺傘，徐文綺拿在手裏，一撐一收，一撐一收，玩兒得挺有勁。王辛笛心神開始安定了：看來有戲。

王辛笛天津奔喪回滬後，二戰爆發了，歐洲也打仗了，王辛笛回不了歐洲了，只好在上海光華、暨南大學教書。那時，追求徐文綺的公子哥兒不知有多少（王辛笛晚年還對小女兒王聖思說：「當時追求你媽媽的人有多少，我到現在還沒算清楚。」）只要王辛笛在上海，每天下午五點以前，他總要到常德路海關大門口等候。有時徐文綺手上工作較忙，到點還不能下班，那他就和大門口的紅頭阿三一起並肩「站崗」，直到那輕盈的身影出現在夜霧裏。

他們於1940年2月訂婚，7月結婚了，這是徐文綺「披沙揀金」的結果。婚禮在西青會大樓舉行，他們備了茶點，有上百位親朋好友參加。由於徐森玉在貴州無法前來，就由徐文綺的生父「三叔」帶著她走過長長的紅地毯，把她交到新郎官手上。證婚人是光華大學校長

張壽鏞,因為張壽鏞與王家和徐家都是世交。

　　晚上長輩和朋友們還等著喝他們的喜酒呢,誰知兩個新人認為眼下國難當頭,就不要大擺筵席了吧!他倆單獨到國際飯店十四樓去燭光對飲去了。「三叔」為他們操持了半天,結果還弄得有點失落感。

耀眼「紅花」旁邊的高級「綠葉」

　　由於當時海關對女職工的要求是未婚青年,即將成家的徐文綺只得遞上辭呈辭職。頂頂要強的徐文綺,此時不僅教授當不成,連職業女性也當不成了。同時還因為當時上海的「行情」關係,一般中等水準以上的家庭主婦如果外出做事,會被人誤解為丈夫沒本事,養不活太太,會覺得丟人的。無奈何,那就只能安安份份地在家當「綠葉」吧。

　　徐文綺過去的同學都無法相信,當年嬌生慣養、連自己的被子都不會縫、只知吃對蝦的徐文綺,很快就進

王辛笛、徐文綺結婚照

徐文綺(左)、徐文緗姐妹與她們的母親

入了社會生活的角色，料理家務，生兒育女，幫丈夫聯絡各方的親戚朋友，計畫家庭的開支，招待那些永遠也招待不完的丈夫的朋友……有些人以為這是王辛笛「馴化」的功勞。其實徐文綺原本就是非常理智、頭腦清楚的人，面對殘酷的生活現實，到什麼年頭說什麼話。小時候在父母跟前，她是「紅花」，是中心，不需要去映襯別人。但現在自己獨立門戶了，夫妻必須相輔相成才能面對生活中的一切。何況王辛笛這個夫婿是她「披沙揀金」的結果。在她眼裏，丈夫的品性是崇高的，學問是中西貫通的，詩心是天才的，但是在生活上，永遠是低能的（直到「文革」中徐文綺被造反派弄到五七幹校去「改造」時，王辛笛決心自己補襪子，他手裏拿著一根針和一根線去問女兒，這線怎樣才能跟上針……），需要她來照顧。所以在不知不覺的歲月長河之中，她甘心情願地成了丈夫的「綠葉」。

　　許多年過去了，王辛笛的詩集和散文集出了一本又一本，成了海內外聞名的大詩人、名教授，成了上海作家協會副主席、國際筆會上海中心理事，成了標準的「紅花」，且大紅大紫，整天在外開會、研討、忙碌，在家的時候不是看書看報就是寫作……而徐文綺，始終微笑著做自己的事情，默默無聞。儘管她也是留學生，還是個高才生，通中文、英文、日文、俄文（五十年代學的）四國文字，退休前只是上海俄語廣播學校的俄語教師，沒有顯赫的職稱，沒有耀眼的頭銜，沒有人來請她天南海北地開會，飛來飛去，更沒有等身的著作，但是她除了擁有丈夫所擁有的工作能力，還用她那並不寬闊的肩膀，挑起了家裏的一切雜務，應對了所有的驚濤駭浪。金城銀行老闆、著名民主人士周作民先生生前曾感慨地對徐文

綺說：「可惜你是個女子，你要是個男人的話，可就不得了啦！」

　　直到二十世紀九十年代，徐文綺才算圓了一場翻譯夢。那原本是王辛笛答應下來的事情，可是詩人做事一定要等待他的激情高漲時才行，他那根翻譯的神經不跳動，八頭牛也休想拉動他。時間一拖再拖，人家催了無數次，無奈何，只好「綠葉」出馬。徐文綺一出手不要緊，一口氣翻譯了35萬字！那就是她與杜南星先生合譯的狄更斯的長篇小說《尼古拉斯·尼克爾貝》（共計70萬字，1998年上海譯文出版社出版）。出版時，徐文綺已85歲高齡了。

　　她不僅是丈夫的「綠葉」，還是老爸的幫手。1940年下半年，徐森玉從內地輾轉回到上海，參加一項非常重要的工作：在淪陷區搶救即將被日本人席捲去的珍貴古籍。當時由在重慶的國民黨官員蔣復璁牽頭，成立了一個「文獻保護同志會」，同志會的人除了徐森玉，還有鄭振鐸、張壽鏞、張元濟、葉恭綽、何炳松等，主

永遠年輕、恩愛的一對夫婦

要任務是深入淪陷區，動員故家舊族把平時深藏密鎖的宋元珍本，賣給正在籌建中的中央圖書館，以免遭日寇的劫掠。

當時王辛笛上午在大學教書，下午在金城銀行給老闆周作民當秘書，經濟狀況漸漸穩定，就購買了霞飛路（今淮海中路）上中南新村的房子。那是棟帶小花園的聯體獨門別墅，底層是餐廳和會客室，二樓是臥室和書房，三樓由孩子、保姆住，還有一間不小的儲藏室。徐森玉等是在日本鬼子眼皮底下進行秘密搶救工作的，收集來的成箱的珍貴古籍沒有地方存放，只好分頭存放在親戚朋友家裏。王辛笛、徐文綺家三樓的儲藏室裏也存放了幾十箱子書，數年間這間儲藏室只對老父一個人開放，直到抗戰勝利後交給北平圖書館。

她還是妹妹徐文緗的「綠葉」。徐文緗喜歡京劇，跟著名京劇演員鮑吉祥、王瑞芝、茹富蘭等名家學文武老生。過去大家庭的人都喜歡看戲，但大都不願讓孩子學戲，認為戲子是不入流的，所以徐文緗學戲只能躲到姐姐家裏來學習和練功。她那一套刀槍行頭，就藏在姐姐客廳的一個大櫃子裏，隨時可以進入狀態。抗戰勝利以後，徐文綺家裏格外忙碌起來。妹妹徐文緗參加了黃佐臨等創辦的苦幹劇團，常把她家的大客廳當作排練場，家裏來往的朋友就更多了。四十年代後期徐文緗於上海震旦女子文理學院外文系畢業，赴美國深造，取得了戲劇專業的學位，後來在洛杉磯自籌資金辦起了中國表演藝術學院，弘揚中國傳統文化，在海外華人中很有影響，1996年還率團回國演出，名氣就更大了。而姐姐徐文綺，永遠是妹妹忠實的觀眾。

1950年代,快樂的一家人

同時,她還是女兒的「綠葉」。小女兒王聖思現在是華東師範大學中文系的教授。談起當年恢復高考她考大學時,從千里之外收到了父母親寄來的高考復習資料,那些復習資料都是父母借來手抄的,一筆一劃,工工整整⋯⋯

可惜的是,若干年知識份子的特殊處境中,「綠葉」總在凋零。

大風大浪中的硬骨頭

五十年代初,在一派新的社會氛圍中,徐文綺走出了家庭,投身社會工作,熱心為社區服務,曾擔任里弄居民的總代表、居委會副主任兼文娛組組長。她組織大家讀報、出黑板報、作調解工作,開展擁軍優屬活動,受到居民和地方政府組織的一致好評。她並不認為自己做這些婆婆媽媽的工作是屈才,1953年3月,還獲得了靜安區政府頒發的優撫模範獎狀。

在中蘇關係大發展的五十年代,俄語成了最有用的外語,徐文綺過去學

（上海灘名門閨秀）

過的英語和日語全都沒用了。不肯落伍的徐文綺，在參加社區工作的同時，參加了中蘇友協附設的俄文夜校，以40歲的年紀，從頭學習俄語。她的天資，使她學習任何語言都不感覺困難。不久，她受聘為中蘇友協上海分會的幹事，先後擔任人民廣播電台和上海俄語廣播學校的俄語教師，這期間還主編過《俄語廣播月刊》，編寫適合中國人學習的俄語教材，承擔了不少口頭和文字的翻譯任務。1958年，她被評為上海俄語廣播學校的先進工作者。

可是好景不長，隨著中蘇關係的逐步惡化，俄語也漸漸沒用了。俄語廣播學校從教師到學生人數都大量萎縮，到「文革」爆發前，教師只剩下12個人，其中只有一個是造反派。令徐文綺非常寒心的是，這個「猶大」恰恰是她當初花費了很多心血，悉心幫助提高業務水平才得以勝任教學的青年教師。這個「猶大」一旦掌了大權，就露出了猙獰面目。徐文綺被批鬥、抄家是起碼的了，甚至遭受殘酷的毆打。造反派要她承認她的父親徐森玉和丈夫王辛笛都是反動派，徐文綺不肯承認，還反唇申辯：「他們都是好人！我父親被周總理稱為國寶，他作了很多有利於國家的工作。要說辛笛的不足，他也就是個舊社會的好少爺罷了」。但是，越是不承認就越多地遭受皮肉之苦。她原本身板單薄，患有慢性胃病，結果，她的腰脊椎被打得多處受傷，以至於後半生全都在腰痛中度過。到了晚年，她腰脊椎急速地萎縮，最後，上身根本直不起來了。造反派還有更毒辣的一招，就是讓她親眼去看批鬥和折磨她老父和丈夫的批鬥會，每次回來，她都痛苦得像是自己死過一遍一樣，無法承受。

　　她屬牛，在大是大非問題上，她真的是「氣壯如牛」，絕不肯説違心的話。她在那個黑白顛倒的年頭，寧肯受皮肉之苦，也不肯失去做人的原則和尊嚴。

　　她的家先後被造反派抄過五六次。首先闖進來的是上海博物館的造反派，他們硬説是她家窩藏了徐森玉轉移來的國家文物。接著是廣播學校、丈夫辛笛所在的單位和女兒王聖珊所在的外語學院的造反派，甚至還有國家公安部的人來抄。所有的書籍自然都被用卡車拉走，存摺被沒收，很多生活用品，比如較好的衣服、手錶、從國外帶回來的小擺設等，甚至家裏保姆的存摺也被偷走。保姆一生的心血全在於此，為此哭得大病一場，最後患癌症去世。

　　過了很久以後她才知道，之所以「驚動」了國家公安部，是因為牽涉到劉少奇的案子。徐文綺與丈夫怎麼也不明白，他們與劉少奇有什麼關係？慢慢的才知道了，雖然他們與劉少奇本人沒有關係，但是他們與王光美的哥哥王光琦、嫂子胡瑨是大學同學，在那「懷疑一切、打倒一切」的年頭，這就是問題！

　　造反派折騰了很長時間，畢竟查不出她什麼問題，那麼就到嘉定農村勞動改造去吧。1968年冬天，老伴兒王辛笛前往嘉定給她送棉衣，看到她曬黑的臉龐和瘦弱的身體，心裏很難過。造反派不許王辛笛進屋，他們只能在「左派」的監視下默默相對，只能隔著竹籬笆把衣服遞過去，簡直就像監獄裏探監一樣。回家後辛笛夜不能寐，寫下七絕兩首，題為〈鴛思〉：

更與何人問暖涼，秋深廢井對幽篁。簪花屢卜歸期誤，未待歸來已斷腸。

籬邊傳語感悽惶，相見何曾話短長。珍重寒衣聊送暖，三十年鴛思兩茫茫。

粉碎「四人幫」時，徐文綺已經六十多歲了。

帶著永恆的微笑遠去

徐文綺是文博大師的女兒、著名詩人的妻子、大學教授的母親，她時時映襯著別人，唯獨沒有她自己。她一輩子忙碌在「紅花」中，自己卻沒有成為「紅花」。

2003年9月30日，90歲的徐文綺忙完了她一生所有的事情，她實在太累了，該徹底休息了。於是，她告別了所有的人，微笑著遠去。

她關照老伴兒和子女，不要搞任何形式的追悼儀式，她不願朋友們看到她最後的病態，她要把她年輕、美好、活力無限的形象，完好地保存在人們的記憶中。

臨終時，她身邊只有相攜了幾十年的老伴兒和她的子女後代。

她一生有很多的願望沒能實現，但這最後的一個願望還是實現了。

她走得很平靜，很從容，窗外搖曳著晨曦中的綠葉。

一號車主周純卿的女兒周素瓊

上海灘一號汽車的故事，是老上海酒後茶餘最有興趣的話題之一，近一個世紀以來，各種傳聞沸沸揚揚地沒停過。究其原因，除了對一號汽車本身的好奇之外，大概與周氏家族代有傳奇不無關係。周家不僅闖蕩上海灘的第一代人（即周詠春、周文濤、周蓮堂三兄弟）很有故事，第二代中的房地產大王周湘雲、一號車主周純卿很有故事，第三代中的傳奇人物也不少。周純卿的女兒周素瓊，就是不多見、又鮮為人詳知的女中之秀。

南京西路上的周家花園

周素瓊家的老房子原在南京西路806號（上海評彈團的東鄰），是一處非常氣派的花園洋房（1956年公私合營後成為靜安區少年宮），很有名氣。

花園的主樓樓高四層，面寬五開間，坐北朝南，正門有兩根羅馬式巨柱，遠遠望

去，氣勢不凡，在上海灘私家住宅中非常少見。該樓的門廳全部用大理石鋪地，左右有兩個雕琢精美的、鑲嵌著天然大理石圖景的巨型紅木屏風，整體裝潢極為講究。樓內除了大小幾間臥室，還有大客廳、小客廳、大餐廳、小餐廳、中餐廳、西餐廳、跳舞廳、更衣室……大凡當時洋行大班住宅裏的陳設，這裏一應俱全。其中令人印象深刻的，是大客廳四壁裝飾著的西洋油畫，以及天花板上的圖案，那天花板是仿照香港淺水灣的一棟豪宅的天花板裝飾的，天藍色的圓形天穹上，舞動著十二生肖的小動物。客廳地板是用細木條拼成的花樣地板，那花樣就出自周家小姐周素瓊的手筆。舉行派對的時候，大客廳可招待十幾對朋友起舞。

花園裏有前花園、後花園、停車場。停車場可停放一二十輛轎車。主樓東部還有一個帳房樓，裏面常年忙碌著很多帳房先生。主樓南部是前花園，有草坪、假山、茅亭。若從南京西路的大門朝裏望，還望不見主樓，因為那些高

周家花園舊影

大的雪松、廣玉蘭和香樟樹，把樓台亭閣及小橋流水都擋在了後面。若是汽車開進來，須從右邊的水泥路繞過大草坪才能到達主樓，出去時須從左邊的路出去。這處豪宅大約占地30畝，是南京路上數得著的好房子。

周素瓊是周家三小姐，她和父母及兄弟姐妹從20世紀30年代初到1956年，在這個花園裏過著世外桃源般的生活。她家不過才7口人，卻雇傭了十幾個傭人，包括廚師、司機、花匠和保鏢。父母疼愛她，給她一個人用了三個傭人，一個奶媽（此奶媽在周家服務了一輩子）、一個女傭，還有一個陪她玩的小大姐。每天吃飯要開三大桌，周家人自己一桌，傭人要兩桌，男的一桌，女的一桌，帳房先生另有餐廳。

周素瓊性格很文靜，住在二樓一間朝南的屋子裏，小時候不大願意出門。受母親影響，她喜歡關在房間裏畫畫兒，繡花，做女紅，看見好看的花樣總是用紙描下來，然後繡在衣服或圍巾、桌布、靠墊、窗簾上，後來自己的衣服也會設計和縫製，不斷翻出新花樣。對於服飾的講究，使她終生出入總是一身亮麗，典雅高貴。擅長女紅的手藝，還使她在一個特殊的年頭受益非淺（後敘）。

她家人都喜歡京劇和評彈，家中一年到頭但凡到節慶佳日，或是哪個人過生日，總是舉辦堂會，請戲班子來家演戲。她祖母水太夫人在世的時候（那時住在牛莊路一處三進大宅，周家兄弟還沒分家），每天晚上總有兩檔說書（請角兒來家唱評彈，24元一檔，也可以幾百元包一月），過生日或節假日增加到五檔。全家大小聽完評彈還要吃夜宵（基本上是火腿過粥），大家總是一邊吃一邊談論表演的情況，逐漸

培養了她對戲曲的愛好。等她父親自建的住宅（即南京西路周家花園）建好後，她和弟弟周德霖夜宵不要吃火腿過粥了，他們會拎起電話打到大慶里旁邊的晉隆飯店，叫外賣西餐。她最喜歡蝦仁蛋炒飯，弟弟則喜歡咖哩雞蒸飯，還常常在電話裏關照店家「我們這裏有個黃包車夫，很能吃，咖哩雞汁要多一點！」。

她沒有讀過很多書。二三十年代上海社會很亂，富家子弟在馬路上被綁票的事情時有發生，她父親怕出意外，就把私塾先生請來家教她識字。她原本不喜歡上學校讀書，喜歡在家裏畫畫兒，這下樂得更好了，反正私塾先生面前可以耍賴的，想多認就多認幾個字，不想學了即可開溜。長大後才發現這是個很大的缺憾，上學讀書遠比描樣繡花來得重要，所以後來在擇婿時就「拾遺補缺」，第一條標準就是：必須是大學生，文化水平要高。

這個大花園對於周素瓊和她的父親來說，還有一個特殊用處，就是夜間

周家花園裏的少女周素瓊

遛馬。外界都知道她父親周純卿喜歡玩汽車（有三輛高級轎車），殊不知他的愛好非常多，除了汽車，還有遊艇、跑馬、電動機械，大凡外國人喜歡的玩意兒他都喜歡，跑馬也是他的終生愛好，除了在跑馬場養了十幾匹馬，自家花園裏也有馬。他自己喜歡馬，也希望寶貝女兒跟他一樣喜歡馬，想以此改變她那文弱的性情，於是為女兒買來一匹棗紅色的小馬，還為之定做了小馬鞍、小馬靴和小馬鞭。每到夜間周純卿要遛馬了，就叫上女兒同去。父女兩個大馬小馬一前一後，在月影婆娑的花園裏騎馬遛躂，十分得意。

當她小馬會騎了，父親就請一位羅宋人（白俄馬師）教他騎大馬。騎大馬最要緊的是兩腿要加緊馬肚，不然隨時要摔下來。周素瓊力不從心，兩腿總是耷拉在馬肚子上，馬師就叫她在腿與馬肚之間放一張10元鈔票，如果那鈔票掉下來，就算他的，以此嚴格要求。可是一個人的秉性是很難改變的，一天訓練下來，她的腿三天都抬不起來了，於

周素瓊製作的繡品：小狗

是再也不敢碰大馬。周素瓊看上去仍是文弱可欺，最喜歡的還是繡花和京劇。

這處漂亮的住宅在解放初還擔負過一次重要的任務——解放初，剛剛進城的陳毅同志和華東局領導同志，面臨當時不知所措的工商界，很想找個合適的地方跟他們的代表人物見見面，一方面大家認識認識，交交朋友，同時向他們宣傳共產黨的城市工作和經濟工作政策，給他們吃個定心丸，並通過他們影響整個工商界。這對於穩定大局，至關重要。對場地的要求是，既不能太顯眼，也不能有失體面。可是這樣地方並不容易找，如果放在市政府裏面，那樣太嚴肅，因為當時老闆們對共產黨還不瞭解；也不能放在公共場所，因為上海剛解放，社會上很亂，安全是個大問題。後來還是周素瓊的丈夫盛康年同志（上海解放時他跟許滌新同志一起南下到上海）提出來，不如就安排在他丈人周純卿留下的花園洋房裏吧。一來周家花園這個地方老一代工商人士都熟悉，有的還是多年的朋友，到這兒開會，人們有親切感，精神上可以放鬆；同時環境高雅，安全可靠，花園裏又可以停車，夠檔次。

大約在1949年夏天，這是上海解放後，新生的市政府領導人與工商界巨頭的第一次見面。領導方面有陳毅、潘漢年等，老闆們有榮毅仁、劉靖基、經叔平、郭棣活等。儘管範圍並不大，但這是一次非常重要的會見。陳毅同志一身便裝，毫無大將軍的架子，對西裝筆挺的大老闆們推心置腹，談笑風生，給人們留下深刻的印象，回答了他們的疑慮，使他們對共產黨的幹部和政策有了初步瞭解。後來在外灘中國銀行大樓召開的、更大規模的工商界代表人物

會議，就是在這次會議的基礎上召開的，為穩定局勢，恢復生產產生了深遠影響。

可惜前幾年有關部門為起高樓，竟將此花園拆掉了。據說拆樓時很困難，施工隊使用了特殊的爆破技術才將主樓炸掉，可知當年造得很牢固。

父親的一號汽車與兩艘遊艇

周素瓊的祖父是寧波周氏家族「成房」的老太爺周蓮堂，即一百多年前，乘著鴨蛋船闖蕩上海灘的傳奇人物，在南京路、江西路、河南中路等靠近外灘的黃金地段，置辦了大量房地產。伯父周湘雲是名噪海上的房地產大王，在相當長的一段時間裏，主理周家的產業。周素瓊的父親周純卿是老二，因有老大周湘雲在主理家業，他就另闢蹊徑，早年去沙遜洋行當練習生，後來在英國人的泰利洋行當買辦。兩兄弟分家後也成了很有名望的房地產商。

周素瓊的父親、上海一號車主周純卿

洋行的工作環境，使他交了一群洋朋友，不僅學會了流利的英語，掌握了洋行生意的「門檻」，同時玩的本事也大為長進，學會了很多洋玩意兒。外國人喜歡玩車，他也迷上了車；外國人每年要去青洋港賽船，他就買了船前去觀戰，而且一買買了兩艘。一艘是賽艇，小些，叫「追虹」號；另一艘是遊艇，大一些，可以乘幾十個人，上面有臥室、客廳、大菜間、浴室、廚房等，非常漂亮舒適，叫「飛虹」號。「飛虹」號的大菜間很寬敞，白天可以招待朋友們吃飯、休閒、遊戲，晚上把餐桌往旁邊一靠，即可以騰出地方安排簡易的床鋪，可供十幾個客人住宿。每年到了賽船的季節，周純卿就帶上全家大小、親朋好友，各自手裏拎著大包小包上了船，到青洋港去過把癮。少則三天，多則一週。

他高興的時候還自己開船，故意把船開得像跑野馬似的，在水上橫衝直撞，水花四濺，逗得一船人大呼小叫……如今已是94歲老人了的周素瓊，回想起當年跟爹爹出去遊船時，仍開心得像個孩子。不要說這是在七八十年前，就是拿到現在，還不照樣令人眼熱心跳嗎？

自然，賽船只是一年一次，而且普通市民也不易看到，而他的汽車就不同了，那神氣十足的一號牌照掛在車頭，天天從南京路上飛馳而過，所引來的目光和傳說，就不是車主本人所能料到的了。一號汽車是20世紀初，一個丹麥籍醫生要告老還鄉了，臨行將他的一輛舊汽車（據周家後人回憶是英國名車戴姆勒牌）連同牌照一起出讓。周純卿消息靈通，捷足先登，買下了汽車和牌照。他不像現在的人那樣，對名牌車奉若神明，不敢輕舉妄動。依他的瀟灑，他覺得車是為自己服務的，要按照自己的意願打發它，於是把車燈換

掉，增加了古色古香的中國神韻，又在門的把手上鑲嵌了一個篆文的「周」字。最有趣的是他把車牌也換掉了，把工部局頒發的牌照放在家裏，自己設計了一個銅質的橢圓形的牌照，在古羅馬的「I」號碼下面刻上S、M、C（上海工部局的縮寫），這就是老上海們看到的大名鼎鼎的一號汽車了。

周素瓊和她的兄弟姐妹當年無數次地乘坐過一號汽車。他們喜歡它車身大，坐位多，全家人乘上去位子還有餘，最多可以乘12個人。前排3人，後排3人，前排位子的後面有小位子，放下來還可以坐3個人，便於全家一起出行。一號汽車的最後一次使用，是在1947年周純卿的葬禮上。周家人決定讓老人再使用一次他生前喜愛的一號汽車。於是，在一號汽車裏供上周純卿的遺像，作為送葬隊伍中的「像亭」，加入了大出喪的行列。出喪的隊伍沿南京路緩緩而行，好在一號汽車那時也老了，開不快了，而且走走停停，玻璃窗碰碰作響，好歹總算完成了它最後一次使命。換句話說，一號汽車送走了自己的主人，自己也壽終正寢，隨後就報廢了。

與「紅棉小開」盛康年一見鍾情

周素瓊兄弟姐妹六人，她是老三，姐姐周亦琪嫁給寧波籍房地產富商姜家。她上面原先還有一個哥哥，可惜在9歲時不幸染上肺病夭折了。為此她母親極為悲痛，從此每年要去一次普陀山，燒香拜佛。她聽說普陀山上有一個神奇的山洞，叫萬影洞，洞裏五光十色，仙氣縹緲，在洞口長時間的往裏張望，有時能望見自己逝去的親人。周素

瓊的母親十分虔誠，每年都要去那個洞口長久地張望，盼望能看見自己死去的兒子。每次前去，總是周素瓊陪同。

說來也巧，上海還有一個非常虔誠的富商老太太，丈夫去世以後每年要去普陀山燒香拜佛，也是由一個女兒陪同前去。她們與周素瓊母女都坐頭等艙，常在船上見面，久之就熟悉了。這位老太太就是揚州著名大鹽商周扶九的孫子周紫珊的夫人，他們的小女兒叫周式瑩，與周素瓊年齡一樣大。回上海後兩家女兒常有走動。周式瑩比周素瓊早幾年結婚，丈夫是威海路上著名顏料商邱家的後代，家住邱家花園（現為民立中學老校址）。邱家花園規模上類似周家花園，還養有很多小動物，是青年人喜歡去的地方，況且常有堂會，周素瓊常被邀請去玩。周式瑩的大姐周式如是中國實業銀行劉晦之的兒媳婦，家住新閘路上的小校經閣，也是個常有堂會的豪門深院。她們都喜歡京劇，都是大家閨秀，於是成了好朋友。

周素瓊到二十七八歲時，還是名花無主。她心氣甚高，擇婿的標準與眾不同。首先要文化水平高，其次要人樣長得好，第三要在社會上有一定的作為，同時這個人的氣質要高雅，一旦她覺得這個人俗氣，那肯定完蛋。親戚朋友曾多次為他介紹男友，但總不能合她的心意。

有一次她在周式瑩家玩，有個高個子的青年走了進來，周式瑩給她介紹說，這是她丈夫邱先生的好朋友盛康年，大世界對面紅棉酒家的小開。還告訴她，丈夫邱先生正在香港做生意，生意非常忙，不能常回上海，要她帶兩個孩子去香港，路上就由這位盛先生照應。周素瓊一聽，覺得眼前這位青年不簡單，對朋友如此盡心盡意，頓時有了

好感。既然好朋友要去香港，她也想去
香港玩玩，於是回家跟父親講了，父親
一口答應，決定去四個人，除了他們父
女，還帶上弟弟德霖，另有她的家庭教
師。家庭教師的叔父在金門飯店工作，
周家就託他買好船票，換好外匯，一路
上皆大歡喜。既然是好友同路，盛康年
把周素瓊一家也一同照應了，使周素瓊
對之有了進一步的瞭解。在香港二周，
許多活動都是盛康年安排，周素瓊玩得
非常開心。

「紅棉小開」盛康年

　　盛康年比周素瓊大一歲，是開美
科製藥公司和紅棉酒家老闆盛丕華的大
兒子，人稱「紅棉小開」（與之對應的
還有一個「綠寶佳人」，是指綠寶金筆廠
的老闆湯蒂茵女士）。他學識淵博，風
度翩翩，個頭高挑，說起話來典雅而幽
默，極富感染力，第一面就給周素瓊留
下了深刻印象，覺得這個人的確與眾不
同，有才幹，對他的話很願意聽。其實
那時周素瓊還不知道，盛康年在20歲
的時候（1933年）就與中共地下黨組織
有了接觸，曾在靜安別墅的「中社」

（他父親盛丕華為聯絡工商界人士而組織的一個社會團體）接待了中共地下黨人員，為了安全，還特地請他的好朋友胡實聲為之望風。這位中共地下黨人員就是解放後武漢市第一任市委書記吳德峰同志。從那時起，他就開始了進步的文化活動，主編《新社會》半月刊，批評時政，宣傳抗日，還與宋慶齡、何香凝、馬相伯等著名民主人士一起簽名，發起成立中國民族武裝自衛委員會。他化名盛仲悟，到學生和工人夜校中發展「武衛會」會員，組織學生讀書會，演進步話劇，傳播革命火種。抗戰中，他公開的身份是開美科藥廠的副經理，而實際上與該廠的經理謝曜一起組織「新人社」，暗中繼續開展進步活動……

所以盛康年講出話來自然是熱情洋溢，充滿家國之情，與上海灘一般公子哥兒判若天壤，在周素瓊聽來，真是新鮮得很。他們一個喜歡說，一個喜歡聽，於是成了好朋友，漸漸又從朋友發展成戀人。周素瓊第一次從盛康年那裏聽說了關於共產黨的事情，逐漸也思想進步，情緒振奮起來。可是周家大人對這門自由戀愛的婚事不以為然，覺得周家是房地產大戶，盛家的家底遠不能跟周家相比，有些不夠般配，但周素瓊認准了的事情是誰也改變不了的。1945年抗戰勝利前夕，母親給了她一盒子珠寶首飾作為嫁妝，他們在衡山路（貝當路）上國際禮拜堂舉行了婚禮。倒不是因為信教，而是為了隱蔽，盛康年在公開場合不便於太張揚的。

他們婚後先是住在淮海路興國路路口的一棟公寓裏，後來因為覺得電車聲音太吵，就搬到淮海坊盛家的老房子裏住。盛康年天天早出晚歸，聯絡工商界的進步人士，投入反內戰、反獨裁、反迫害的民主運動，同時極力推動父親盛丕華參加由民主人士組成的和平請願團赴

南京請願（就是發生震驚中外的「下關慘案」那次，丕老幸而未受傷），還把大世界對面的紅棉酒家的三樓讓出來，為他們的地下進步活動提供固定場所，一旦有緊急情況，他們就以聚餐作為掩護。1945年年底，他積極參加中國民主建國會總部遷上海，以及民建上海委員會的籌備工作。1946年他才三十歲出頭，就被選為民主建國會中央委員和上海市委常委兼秘書長。

家中閒坐

1949年全國解放前夕，周素瓊的公公盛丕華欣然接受中共中央邀請，準備前往北平。但是當時形勢很複雜，國民黨特務無孔不入，只能從香港乘海輪繞道天津，然後轉赴北平。盛康年先是冒著危險獨飛香港打前站，與潘漢年、章漢夫、許滌新等同志取得聯繫，然後回來護送丕老等一批民主人士到香港，最後如期到達北平，受到毛主席的接見和便宴招待，並一同參加了全國政協第一屆全體會議。

對於丈夫從事的革命工作，周素瓊從來都是百分之百地支援，並為有這樣

一位勇敢而正直的丈夫而自豪。丈夫從她的安全考慮，解放前沒讓她參與自己從事的革命工作。解放後，大局穩定了，周素瓊這個從未參加過社會工作的大家閨秀，就成了丈夫的賢內助。

走出家門，走向社會

解放後，周素瓊的公公盛丕華先生擔任了上海市第一任副市長，盛康年的工作也更繁忙了。1949年12月上海市政協成立時，他擔任副秘書長，在市工商聯中也擔任副秘書長，主要任務是協助黨和政府聯絡工商界人士，進行統一戰線的工作，盡可能動員大家把已經轉移出去的資金再調回來。他全力以赴，日已夜繼地工作，與榮毅仁、劉靖基、經叔平等工商界頭面人物都成了好朋友，大家無話不談。為了團結更多的工商界朋友，周素瓊常常陪丈夫在晚間和週日去老朋友家串門，到了朋友家裏，丈夫跟丈夫聊天，太太與太太就在一邊拉家常，大家自然而然地會談到共產黨的經濟政策。周素瓊就按照丈夫關照的「口徑」趁機做些宣傳工作，回來後把人家的顧慮和想法告訴丈夫。

1956年公私合營的時候，周家和盛家都是率先加入公司合營隊伍的模範。周家是房地產大戶，僅僅南京東路西藏路路口的大慶里，當時就價值數百萬元，另外還有散佈在全市各個地區的帶「慶」字頭的里弄房產，如衍慶里、餘慶里、德慶里、順慶里等等。作為參加公私合營後的資方人員，周素瓊原本可以進入市房地產部門工作的，她也很想參加一些社會工作，掙一份工資，按照新社會的新風尚，叫做開

始自食其力的生活，不必仰仗父親留下
的遺產和丈夫的收入了。這樣會使她感
覺很自信，很新潮。

　　但是丈夫盛康年卻提出不同看法，
他認為無論盛家還是周家，都不缺錢
花，不必為了幾個工資去房地產部門奔
忙，她應當做更重要的工作。這更重要
的工作就是要她現身說法，到那些工商
大戶去「串門」，宣傳國家的公私合營
政策。盛康年對妻子說：「這是一項政
策性很強的工作，有時我們在會上做不
通丈夫的工作，或許你在會下做通了家
屬的工作，事情就好辦了。這項工作遠
比一般工作來得重要。」「你現在是一
個特殊的角色，既是工商家庭的小姐，
又是國家幹部的妻子，在公私合營工作
中可起示範作用。」「你是一把鑰匙，
她是一把鎖，必要的時候你可以開導開
導，或許能起到會上起不到的作用。」
周素瓊聽從了丈夫的意見，當了一個深
入工商家庭、做社會工作的「家庭婦
女」。周家的女兒本來影響就大，朋友
和熟人也多，現身說法地做工作，效果

周素瓊、盛康年夫婦50年代初在北京

果真很好，很多工商界人士的確是看了她的榜樣才下決心的。劉靖基先生聽説她很會做工作，還曾邀請她去自己家裏做太太的思想工作。所以直到今天，周素瓊的身份仍是個家庭婦女。

由於她工作出色，受到大家的一致讚揚，五十年代中期，她作為上海工商界人士家屬的代表，與婆婆金曰英一起去北京開會，受到鄧穎超同志的親切接見。回來後她參加社會工作的積極性更高了。

六十年代初，上海辦起了社會主義教育學院，把原先的工商業者及其家屬組織到嘉定勞動鍛煉，每期半年。原先住在花園洋房裏的小姐小開，現在一律住進集體宿舍，四個人一間。還規定，衣物不許多帶，每人只能帶簡單的幾件衣服，要象農民一樣過艱苦的生活。周素瓊和丈夫都在這個學院中，但也只能分住在集體宿舍。周素瓊與劉鴻生的兒媳婦卓碧玉（劉念智夫人）、榮宏仁的夫人汪保華同室。她們白天下地勞動，晚飯後要讀報、學習文件、排練文藝節

周素瓊近影（圍巾上的花是她親手繡的）

目。剛去的時候連房子和路還沒有造好，全是大家一起自力更生。有的小開吃不消了，在挑糞的時候把扁擔往路邊一扔，不肯幹了，盛康年就前去做工作。周素瓊對於下鄉鍛鍊沒有任何怨言，覺得雖然很艱苦，但也很新鮮，很受教育，精神面貌為之一振。

大風大浪方顯名門閨秀本色

可是天有不測之風雲。1955年發生的「潘揚冤案」給周素瓊夫婦思想上帶來極大的迷惑。因為盛康年常年跟潘漢年同志在一起做統戰工作，對他的為人和胸襟非常瞭解，也非常佩服。出了這麼大的案子，他很震驚，但又無法瞭解案情的來龍去脈，心中自然非常苦悶。1957年的反右鬥爭中，又因在會議上坦誠地發表了自己的意見，與黨交心，最後卻被視為思想右傾，受到「左派」們的批判。他與榮毅仁、經叔平等人很談得來，在一起吃飯時不可能不交換意見，不幸被打成「榮盛小集團」。

這樣一來，盛康年更想不通了。過去遇有妻子想不通的時候，丈夫總是耐心勸說，不多時就會煙消雲散。如今丈夫遇上如此重大的疑問，周素瓊卻束手無策，不知如何是好，只能心裏乾著急。盛康年知道這不是他個人的事情，而事關大局，事關高層的問題，但這些都不便於對妻子說，也不能隨便對人說，只能悶在自己肚子裏，這就更令周素瓊擔憂。她眼看丈夫每天借酒澆愁，一個人生悶氣，身體一天天垮下去，心如刀絞。1965年，盛康年的身體被徹底拖垮了，他懷著一顆愁苦不解之心，永遠離開了她，去世時年僅51歲。

他們沒有孩子。丈夫去世後，周素瓊孤身一個人生活。很多朋友來給她介紹男友，勸她重組家庭，但她毫不動心，她心中只有她的「紅棉小開」。何況丈夫的去世是事出有因的，她起碼在心中要固守丈夫的陣地，她要替丈夫等到事情真相大白的一天。

但是接下來卻是十年浩劫。那時周素瓊住在衡山路集雅公寓，與後母住在一棟樓裏，結果母女倆都沒能避免被抄家的厄運。除了盛康年生前所在的單位（「反右」後盛康年調到商業二局任副局長）的造反派來抄家，還有一些來路不明的，不知是真的還是假的造反派，反正只要是帶著紅袖章的人，就可以光天化日之下來搬走她家的東西。東西都抄光之後，房管部門的造反派就來「接收」她家的房子，把她們母女趕到康平路的一間屋子裏。這段時間，不僅住房困難，她們母女的生活也發生了巨大困難，因為她們都沒有工作，「文革」開始後，原先每個季度發放的定息停止發放了，原有的存款也都被造反派抄走了，這樣就沒有了生活來源。況且，她的後母年紀大了，生活需人照顧，而家裏的傭人都被造反派趕走了。一切都像做夢一般，一下子全變了。

然而，令所有的朋友想不到的是，從來沒幹過家務活兒的周家小姐也一下子變了模樣。從最初的驚愕緩過神來之後，她勇敢地面對了眼前的一切。她開始學著買菜、燒飯、捅煤球爐、倒垃圾，與小攤小販討價還價……還憑著自己做女紅的手藝，到布店裏買來一些便宜的零頭布，回家縫製一些小孩衣服。做好以後，趁天黑，一元錢一件，或一元二角一件賣掉，換點錢來維持家中日常開銷。實在沒有辦法時，就寫信請在香港的一個朋友，把她存在香港的一些首飾賣掉，寄

錢過來。事實上這個朋友很勢利，沒幫什麼忙，還頗有落井下石的味道。周素瓊從小是三個傭人服侍長大的，現在不僅沒有人服侍，她還要服侍後母。日子久了，她的手磨礪得粗糙了，皮膚曬黑了，但是意志變得更堅強了。俗話說：「好日子能過，窮日子也能過。」「上得廳堂，下得廚房。」周素瓊成了親身實踐這些傳統標準的人。

有一次她和一個朋友一起乘電車出去。按照她過去的做法，總是要把朋友的車票一起買了的。而上車後她才想起，自己的口袋已經空空如也了，雖然只是4分錢的電車票，買了自己的車票後就不能再為朋友買了。為此她感到非常遺憾，印象極深。她實在無法想像，自己當年是擁有一盒子高檔珠寶嫁妝的人呀，怎麼現在連幾分錢都拿不出了？！

這時又有一些朋友來勸她，這樣的生活實在太苦了，不僅生活苦，而且精神上備受折磨，不如另外嫁人吧，還好心為她介紹了香港富商及一位高幹，勸她選此上策，儘快脫離苦海。可是周

94歲的周素瓊風采依舊

素瓊仍沒有同意，她心中只有她的「紅棉小開」盛康年，她覺得目前的一切肯定都是暫時的，共產黨不會允許這種混亂的現象長期存在下去的。她要代替丈夫，看到天下大治的那一天。

這一天果真被她等到了。粉碎「四人幫」以後，所謂「榮盛小集團」的問題得到了徹底澄清，籠罩在丈夫頭上的烏雲終於散開，一切都經撥亂反正而漸漸走上了正規。落實政策後，她的精神得到了再次解放，人們看她又恢復了當年的風韻——一身乾乾淨淨，清清爽爽，頭髮梳得一絲不亂，衣物的色彩總是相互匹配，哪怕走不遠的路跟老朋友打打麻將，也是如此。八十年代，她已經七十多歲了，風采依舊，人們根本看不出她的實際年齡，仍有朋友來為之說媒。

健康、快樂就是幸福

改革開放的歷史大潮掀起的時候，周素瓊一點也沒有落伍，她仍舊是個

生活處處充滿了生機

做群眾思想工作的熱心人。榮毅仁、劉靖基等工商界人士創辦愛建公司的時候，她積極相應，率先投資參加。那時有些在「文革」中吃了苦頭的老工商業者，還是有不少顧慮的，因為工資和存款被凍結了那麼多年，現在剛剛發還到手，又要拿出去，心裏自然很不放心。有一位老太太，原先口頭上同意投資十幾萬，但到真正拿錢的時候又縮回去了，周素瓊知道了就前去做工作。經她說服，老太太終於看清了形勢，仍舊照原數認購了。

如今，周素瓊已經93歲了，耳不聾，眼不花，說起話來一字一板，走路也不需要別人攙扶，她總是按時參加市政協組織的各項活動，還常和老朋友打打小麻將，調調嗓子唱京戲，程派的《鎖麟囊》是她最拿手的，常在各種聚會中被大家推上台演出。她有個乾兒子，是過去統益紗廠老闆董春方的兒子董堪宇，也是程派票友。只要乾兒子在上海的時候，她常帶了朋友去兒子家自娛自樂。

別人問她為什麼一天到晚總是高高興興的，她說：「為什麼不高興呢？現在國家這麼好，雖然康年沒看到，但是我代替他看到了。他是一個最最要我們國家好的人，現在國家好了，他的在天之靈也該得到安慰了，我當然非常開心。而且現在的領導對我很關心，小輩也很愛護我，無論是盛家後代還是周家後代都很關心我，我們每月一次家族聚會，鄰居也時時關心著我，總是想到我，幫我辦些日常瑣事，我覺得我是一個非常幸福的人。」

別人問起她的長壽之道，她說：「我的人生觀就是助人為樂、自得其樂、知足常樂。老年人頂頂要緊要曉得，凡事要想得開，看得遠，不要斤斤計較一些小事，要多替別人著想。從別人的角度來看問

題，這樣煩惱的事情就會減少很多。要曉得，一個人健康、快樂就是幸福！」

她常參加義賣、扶貧、助學等活動，幫助那些有困難的人。說起她的助人為樂，還有一個小故事。最近她收到從美國寄來的一封感謝信，感謝她的慷慨捐助。原來是她的一個親戚的孩子所在學校，正在搞助貧募捐活動，這個孩子只有9歲，也要參加捐助，向家長要錢。周素瓊知道後馬上掏錢出來交給這個親戚，說是「這個孩子只有9歲就已經有愛心了，非常好，我們應當支持她。助貧活動，我也算一份吧」。於是朋友們就傳出話來：「周素瓊好事都做到外國去了。」

蘇州旗桿彭的六世孫

　　中國第一位電影女明星王漢倫，原先名叫彭劍青（1903－1978）。這個名字乍聽不像大家閨秀，倒有點古劍豪俠、江湖英雄的意味，其實這與她的個性和傳奇生涯很相似。

　　彭家是蘇州狀元之家，而且是雙份的狀元，在清朝康熙和雍正年間出了祖孫兩代狀元，蘇州十全街上規模宏大的南畇草堂，就是彭家的老宅。南畇草堂俗稱彭狀元府，內有蘭陔堂、環蔭室、含清閣、幔仙閣、延綠軒……亭台樓閣，移步換景，正堂上還高懸一塊乾隆親筆的匾額，自是氣象不凡。所以彭家在當地就獲有一種特權，可以在自家大門口豎旗桿升旗（一般人家絕對不可以），因而當地百姓又稱之為旗桿彭。

　　彭劍青父親彭名保的高祖父彭啟豐（1701－1784，字翰文，號芝庭，別號香山老人）是雍正五年（1727）的狀元，初任翰林院修撰，又當過各地鄉試（考舉人）的主考官，主

持過雲南、河南、山東、江西、浙江等省的鄉試，是個著名的文官，因此民間又有「無彭不開榜」的說法。他後來還管過軍事，官至兵部尚書（國防部長），可見是個文武全能的幹才。從他的年譜（《歷年紀略》）中可以看出，他在皇宮中很得皇帝的寵信，長期隨侍在雍正、乾隆兩代皇帝身邊，年譜中對帝王的活動諸如召見、諭語等記錄甚祥，可知他家南畇草堂中的皇帝御筆，不會是假冒產品。

彭啟豐的祖父彭定球（1645－1719，字勤止，號南畇老人）是康熙十五年的狀元，也是翰林院修撰，在國子監（皇家最高學府）當過侍講，還曾奉旨赴揚州出任《全唐詩》的校刊官。彭家的南畇草堂府邸最初就是他的創意。

彭家自從出了兩代狀元，讀書做官、光宗耀祖成了治家的宗旨，後代中因科舉獲取功名的人著實不少。彭劍青的父親彭名保在家族中算不上出名的人物，也當上了安徽無為州的知

初登影壇的王漢倫

州，辛亥革命前後還當過招商局安徽分局的督辦。

這樣一個世代為宦的封建大家庭，各種規矩和章法就氾濫成災了，兒女婚嫁也有了基本的「方向」。彭劍青的大哥娶蘇州潘祖蔭家族的小姐為妻；大姐嫁江西官宦人家桂次文；二姐彭繡冰嫁給李鴻章的侄孫李國模（李蘊章的孫子）。彭劍青是其父最小的孩子，其父去世時她才16歲，上面有四個兄長和兩個姐姐，她比二姐小二十歲。她出生在彭狀元府的重重深院裏，從小長得機靈、秀氣，一雙大眼睛特別明亮，腦袋瓜兒很靈活，學什麼都一學就會。

按說她最小，又聰明伶俐，在家族中應當是最受寵的，可惜情況恰恰相反，她常常被人看不起，原因是她的母親並非正宮娘娘，而是側室，人們甚至至今也講不清她母親的具體情況。在封建大家庭裏，這可是「命」中註定的「硬傷」。因此，她們母女的地位就無法與大太太及其子女相

青年王漢倫

比，什麼事情都要矮人三分，在大家族有重要典禮時，她們甚至不能登大雅之堂……

不知是不是這種與生俱來尷尬境遇，為她的性格注入了反抗的基因？

封建大家庭的反叛者

無論怎麼說，彭劍青的父親還活著的時候，她的生活起碼是衣食無虞的，而且受到了良好的教育。她進入了上海聖瑪利亞女校讀書（就是張愛玲讀過的學校），那是所教會辦的住讀學校，校規很嚴，一個月才能回家一次。彭劍青顯得有些孤僻，有時可以連續幾天不跟別人講話。但是洋學堂的教育，使她打下了紮實的英語基礎，同時通過讀文學作品，也開始接觸了西方開放的思想觀念。

在她16歲的時候，她的父親去世了，當時正是五四新文化運動如火如荼的時候。彭劍青卻由兄嫂決定，中止了她在聖瑪利亞女中的學業，立即嫁人，而且把她遠嫁給東北本溪煤礦的一個姓張的商人。在東北，她生活很不習慣，而且婚後不久她就發現，丈夫跟一個日本女人瞎混。她精神上很受刺激，質問丈夫：「你已經是有了妻室的人了，怎麼還胡搞？」丈夫瞪起眼睛教訓她說：「有錢人家三妻四妾是常有的事，我的事你少管！」後來她丈夫到上海的日本大昌洋行當買辦，她隨之重返上海。

回到上海的日子也不好過，在哥哥嫂子眼裏，她原本就是多餘的，現在已經是嫁出去的人，如潑出去的水，根本不來關心她，丈

夫稍不順心就要打她。當她得知丈夫在幫日本人做地皮買賣時，曾勸他不要幹這種事，那是賣國行為。丈夫火了，又打她。她受不了這個氣，憤然提出離婚，結束了這場短暫的婚姻，回到彭家。誰知兄嫂對她不僅毫不同情，反而對她大為不滿，不停地數落她的不是。她明白了，自己在彭家早就是個多餘的人了，只好退了出來，去找她的乾媽。好在乾媽收留了她，但是她不能在乾媽家白吃飯，必須外出掙錢。

　　她先是去虹口一所小學教書，但那年頭教師收入太少，不夠開銷，就又去學英文打字。她人很聰明，一學就會，後來憑一手打字的功夫，進入一家洋行當打字員。過了不久，一個偶然的機會使她進入了明星影片公司，當上了一名電影演員，每月有20元的車馬費，片子拍完後還有500元片酬，這下彭劍青可以自食其力了，高興極了，自以為不必看別人的白眼了。

　　她懷著得意的神情把她這個新職業告訴了兄嫂，想不到並沒有引起兄嫂的興趣，反而令他們更加氣急敗壞起來。她嫂子劈頭罵道：「我們彭家是狀元之家，戲子來家高板凳都不許坐的，如今你去當戲子，真丟盡祖宗的臉了！」當哥哥的更是破口大罵，說要把她弄到蘇州彭家祠堂裏去，接受家規的懲罰。彭劍青一聽火氣也上來了，多年的積怨一下子爆發出來：「既然我不合你們彭家的家法，那我不作你們彭家人就是了！我們脫離關係好了！我們從此一刀兩斷！」這時她突然想到了山中稱大王的老虎，因為老虎是天不怕地不怕的，自己就要像老虎一樣無所畏懼、勇往直前才行。她眼前出現了老虎頭上那個「王」字……脫口而出：「我今後不姓彭

了，我就姓王了！我們再也不受你們管了！」甩門而出。

從此彭劍青改名為王漢倫。漢倫是英國女孩名**HELUN**的漢譯。後來她成名了，一夜紅遍上海灘，可是她娘家的人仍沒有為她感到高興，仍是看不起她，因為他們的封建意識已經根深蒂固，對電影明星一律以「戲子」論之。除了她的二姐彭秀冰有時還跟她通通音訊，其他人都與她斷絕了關係。有一年她在南京出席一次很體面的宴會，想不到她的一個哥哥也在場。場面上不好翻臉，她哥哥叫她王小姐，她叫她哥哥彭大爺，彼此還是誰也不認誰。

一不留神成了電影明星

王漢倫住的地方隔壁是個姓孫的人家，女兒跟王漢倫要好，王漢倫有空時常過去玩。孫家小姐的朋友中有個叫任矜蘋的，在電影公司工作，也常到孫家來。有一天王漢倫與任矜蘋在孫家偶然相遇，任矜蘋一眼就看出王漢倫與眾不

中國第一位女明星——王漢倫

同，説她像個大戶人家的少奶奶，並説
老闆張石川正在尋覓這樣一位演員呢。
原來任矜蘋是電影圈裏的人，是明星影
片公司的股東，當時明星影片公司剛成
立不久，正準備大張旗鼓地作為一番。
任矜蘋覺得王漢倫模樣長得好，談吐優
雅，人很聰明，説不定是個演電影的材
料，於是鼓動她到老闆那裏試一試。那
時王漢倫連電影還沒看過呢，更不知道
拍電影是怎麼一回事，但經不住朋友們
的再三慫恿，便跟著任矜蘋去了。

　　那時的明星影片公司還處在亭子間
階段，攝影棚也沒有，拍戲都是到鄉下
的空地上搭佈景。經理兼導演張石川正
在籌拍鄭正秋編寫的家庭倫理片《孤兒
救祖記》，的確在四處物色演員，尤其
是主角，不僅要有點苦相，更要具備大
家閨秀的氣質，言談舉止要符合封建大
家庭的規範。王漢倫過去雖然沒看過電
影，但是戲還是看了不少的，因為家族
裏一旦有什麼喜慶之事，常常在自家院
子裏辦堂會，劇中人精彩的表演給她留
下了深刻印象。張石川把她帶到鄉下試

《孤兒救祖記》劇照

鏡頭，叫她在鏡頭前做各種喜怒哀樂的表情，她心態很放鬆，全當是來玩玩的，譬如不是，做就做。誰知每做一個表情，導演就叫好。半天試下來，把張石川高興得不得了，於是一次通過，立馬簽訂合同，請她擔任《孤兒救祖記》中的主角余蔚如，月費20元，片酬500元。

《孤兒救祖記》是明星影片公司的第一部長故事片，也是導演張石川和編劇鄭正秋合作的第一部長故事片。主要劇情是：一個富翁的兒子騎馬遊玩，不慎摔死了，留下了有孕在身的妻子余蔚如。失去兒子的富翁將侄子立嗣為兒子。那侄子品性惡劣，想獨霸家產，就向富翁進讒，說余蔚如行為不規。富翁一怒之下，將媳婦驅逐出門。余蔚如在外生下了兒子余璞，含辛茹苦，將其撫養成人，而富翁的侄子為了霸佔家產竟蓄謀殺害富翁。在一個偶然的情況下，侄子的陰謀被孤兒余璞發現了，奮力營救了富翁，於是真相大白，不僅祖孫骨肉相聚，被驅逐出門的媳婦余蔚如也獲得了「平反」……這是個苦戲，也是個大團圓結局的倫理教育片。

戲馬上要開拍了，可是王漢倫還不知該怎麼拍呢！她去請教導演，張石川對她說：「你要假戲真做，化身為戲中人，忘記自己！」王漢倫覺得有道理，在讀劇本的時候，就把自己當成那個受了冤枉的孕婦，想像眼下丈夫死了，公公不要自己了，不僅自己前景茫茫，生活無著，肚子裏的孩子生下來更不知怎麼養活……幾年前，自己還是父母跟前的千金小姐，榮華富貴，想不到竟落到了這步田地……想著想著，眼淚就下來了。上鏡頭後導演非常滿意，拍攝很順利。

但是偶爾也有「火候」不到位的時候，王漢倫不想留下遺憾，總想把「火候」補上去，但很費勁。這時候，張石川便在她面前蹲了下

來，對她說：「喏！你的丈夫、最親的人死了，你唯一的愛人死了，突然死了，可是你處在一個古老的封建家庭裏，禮教是無情的。你年紀輕輕，可是不能再嫁人了，這漫長的苦日子，你怎麼過呀……」王漢倫聽著聽著，被他說得傷心地哭了，後來越來越傷心，竟嚎啕大哭起來，像真的死了丈夫似的。

還有一段是余蔚如背著兒子跑出去的戲，她不願被公公撞見，但是發現公公追上來了，有一個「驚恐」地回頭的特寫鏡頭。王漢倫反覆做了，但導演說不夠，叫她重新來過。她回到原先的位子上，張石川對她說：「跑！」，她急忙跑起來了。忽聽有人大喊一聲：「他追來了！」她猛一回頭，驚呆了，愣在那裏，於是特寫鏡頭就拍好了。她正愣著，導演又喊「還不快跑！」她一下子又清醒過來，拔腿就跑，心中一緊張，便跌倒在了攝影機前。她那一跤摔得不輕，導演卻很滿意。

《孤兒救祖記》公映後大為轟動，好評如潮，王漢倫的成功表演給觀眾留下了深刻的印象，成了中國第一個女明星。明星公司也因之大賺其錢，攝影棚也建起來了，炭精照明燈也添置了，辦公室也從亭子間搬入了洋房，大打了翻身仗。而王漢倫仍舊每月20元車馬費，當他們的基本演員。

那年她剛剛20歲。

令人鬱悶的南洋之行

王漢倫與明星影片公司簽訂了兩年合同，拍完《孤兒救祖記》接下來就拍《玉梨魂》。這部戲也是張石川與鄭正秋搭檔，張導演，鄭

編劇，是根據徐枕亞的同名小說改編的，但跟原著已經有很大不同，突出了反封建禮教的主題，悲劇色彩仍很濃。

王漢倫在劇中扮演一個孀居的小寡婦玉娘，守著一個兒子過日子。公公是個舊禮教的代表人物，請了一個家庭教師來家教孫子讀書。日子久了，家庭教師愛上了玉娘，玉娘也暗暗地愛上了家庭教師……在當時的社會條件下，這樣的愛情其結果註定是悲劇性的，最後玉娘鬱悶而亡。王漢倫由於自身的感情創傷和坎坷經歷，對悲劇題材能把握得很好，把主人公十分敏感、細膩的感情，表現得很自然。這部電影上映後又是一陣轟動，明星影片公司自然又大賺了一筆，公司添置了水銀燈，老闆們都坐上了小轎車，而王漢倫依舊住她的亭子間。

1924年春天，王漢倫在明星公司接連又拍了兩部片子：《苦兒弱女》和《一個小工人》。拍完《一個小工人》之後，天一影片公司的邵醉翁就來挖她，請她加盟《電影女明星》。這部電

王漢倫（右一）在排練中

上海灘名門閨秀

影是電影女明星來演《電影女明星》，跟她配戲的是胡蝶和吳素馨，都是當紅的女影星。片子拍完後，天一老闆請她隨片到南洋去登台與觀眾見面，兼表演崑曲節目。因為她主演的片子在南洋一帶很賣座，尤其南洋的華僑都非常喜歡她的戲。可是不知為什麼，在南洋遇到的情況卻大大出乎她的意料。

到南洋後，她發現崑劇班底很不整齊，實在無法演出，就提出僅僅跟觀眾見見面，崑曲就不想演了。但是人家不依，甚至有人威脅她，她不得已還是上了台。但是觀眾是不饒人的，見樂器伴奏與她的節奏協調不上，台下一陣大嘩，她從影以來還從來沒有這麼窘迫過。同時，還有人利用她的名義胡作非為，她在新加坡偶然買到一張報紙，上面竟然登著：要見王漢倫，需交50元介紹費，落款竟是「王漢倫辦事處」。還有人莫名其妙地要為她做媒，一問才知道，原來是想把她賣給一個已經有了十三房姨太太的老頭子。再後來，她發現她的私人信件被人偷拆了……她氣急了，忍無可忍，取消了合同。在南洋八個月，沒有一天是愉快的。

於是她深深感到，女人要成功一件事情實在是太難了，一個單身女人更是難上加難，儘管電影可以賣座，但個人境遇還是到處受欺騙和壓迫。

把長城畫片公司告上法庭

離開天一影片公司後王漢倫進了長城畫片公司，拍了《棄婦》、《春閨夢裏人》、《摘星之女》三部片子。

她最喜歡《棄婦》這個戲，因為戲中主人公的身世跟她本人的經歷很相似，她非常理解主人公所作的一切。主人公是一家豪門望族的媳婦，丈夫在外面又愛上了一個浪漫女郎，回家夥同其母把媳婦趕出了家門。媳婦帶著一個丫頭走上社會自己謀生，歷盡坎坷，做過許多工作，後來到一家書局當職員，卻又遭到經理的調戲和侮辱……最後這個棄婦覺悟了，依然參加了女權運動，當了女子參政會的會長，幹了不少事業，誰知老羞成怒的丈夫勾結流氓來破壞女權運動，誣賴棄婦是逃婦，並告發棄婦是異黨分子……

這部電影是長城畫片公司的創業作，由於王漢倫的主演，一炮打響，公映後自是相當轟動。還因為這部電影是部「問題劇」，反映了女性的職業問題這一當時的敏感話題，因此受到了社會廣泛的關注。

問題是王漢倫辛辛苦苦為長城畫片公司拍戲，但長城公司並沒有按合同支付片酬。當初長城公司要把她挖去的時

生活中的王漢倫

候，講好月薪200元，片子拍成後支付片酬1000元。可是事到臨頭卻變了卦，不給她酬金，並叫她接拍第二部電影。結果第二部、第三部電影拍完後，長城公司卻說沒有酬金了。這令王漢倫極為生氣，決定要向法庭討個公道，於是把長城畫片公司告上法庭。

這場官司王漢倫打贏了，法庭宣判，長城公司應遵照原定的合同付酬。可是當王漢倫拿了長城公司的支票去銀行取錢的時候，銀行告訴她這是一張空頭支票，長城公司早就沒有錢存這裏了。自然，這又是一場騙局。

漢倫影片公司與《盲目的愛情》

面對各種挫折和打擊，王漢倫沒有退卻，雖然孤身一人，仍然在電影圈裏勇敢地拼搏。她不屑於依靠哪個大老闆，更不屑於當什麼人的姨太太或是情婦，始終認為自己是個獨立的新女性。

她從長城畫片公司出來，正好老朋友任矜蘋在為自己的電影公司——新人影片公司招兵買馬。他對王漢倫說：「漢倫呀！如今你是大明星了，當初還是我介紹你拍電影的呢！現在我辦公司了，你要幫幫我的忙呀！」畢竟是老朋友，王漢倫不好意思推辭，就答應了。她在新人影片公司拍了一部《空門賢媳》（1926年），就是在那部電影裏，她對著鏡頭真的減去了自己的長髮。那段時間裏，她還被張偉濤請去拍戲。張偉濤是張石川的三弟，也是明星草創時代的老朋友，不好意思推辭，就去拍了部《好寡婦》，從此她在影壇上得了個「小寡婦」的名聲，因為她的寡婦戲總是那麼出色。

但是在這段時間拍的電影，大多都沒有獲得片酬，王漢倫的生活入不敷出，長期下去總不是回事。況且，眼看著老闆們都靠她主演的電影發了財，洋房、汽車都有了，有的還三妻四妾的，而她自己的生活依舊清苦，她很不平衡，很不服氣，於是決心自己另起爐灶，自己成立個電影公司，自己主演電影，也算挑戰一下自己的極限。於是，漢倫影片公司成立了。那是正值包天笑新寫了一個劇本叫《盲目的愛情》（又名《女伶復仇記》），王漢倫讀了很感動，覺得主人公的作為很符合自己的心性，自己有把握把戲中主角演好，就把劇本買了下來，自己組織班子拍攝。攝影棚和設備都是借民新公司的，請卜萬蒼當導演。

《盲目的愛情》是一部愛情悲劇——兩個大學同學俞汝南和尤溫同時愛上了女伶王幽蘭，但王幽蘭只愛汝南，不愛尤溫。於是尤溫憎恨汝南，竟去毆打汝南，把他的眼睛打壞了，汝南從此雙目失明。王幽蘭決心

《盲目的愛情》劇照，右一王漢倫

為男友報仇，但不幸事敗，反而被關入土牢。若干年後當王幽蘭來
到俞汝南面前時，雙目失明的汝南，用手撫摸著又老又瘦的幽蘭的
臉龐，不相信這就是他日思夜想的情人……王幽蘭悲痛欲絕，持刀
自盡。

王漢倫在拍攝過程中對導演卜萬蒼不甚滿意，她後來在回憶中
寫道：「卜萬蒼喜歡去跑馬廳買馬票，時常誤了拍戲。有時他上了癮
頭就不到場裏來了。最後還是我花了八百元錢買下了分鏡頭，買了一
部手搖的小放映機，一個人在家裏放一點接一點，搞了四十多天才成
功。」

《盲目的愛情》拍成後，王漢倫帶著她的新片到各地巡迴放
映，先後到了蘇州、常熟、無錫、寧波、杭州、青島、濟南、天
津、北京、瀋陽、長春、哈爾濱、大連。所到之處，無不盛況空
前。在放映休息的時候，她就出現在台上與觀眾見面，受到觀眾的
熱情讚揚。這部片子的成功讓她長長地吐了一口氣，不僅實現了她
獨立拍攝和經營電影的理想，而且經濟效益也出奇地好，在各地賣
掉了不少拷貝。回到上海後，還有很多地方甚至國外的片商都來訂
購這部片子，使她經濟上也獲得大翻身。所賺的這些錢，就成了她
息影後的生活費。

老演員碰上了新問題

基於種種考慮，王漢倫在1930年告別了影壇，在淮海路石門路路
口的一座公寓的三樓，開設了一家漢倫美容院，成為我國最早研究美

容術並經營美容業的女性之一。但是好景不長，日本鬼子打進來之後，日本人叫她到大中華廣播電台為他們作宣傳，王漢倫稱病不出，結果非但電影不能演了，美容院也開不成了，只好坐吃山空。這種局面一直維持到1949年全國解放，那時她已經很潦倒了。

解放後，王漢倫重新回到電影圈裏來，上海市婦聯和文聯動員她加入了上海劇影協會。1950年昆侖影片公司拍攝《武訓傳》時，導演孫瑜請她在戲中客串慈禧太后一角。雖然戲不多，只有十句對白，而她仍舊十分認真地完成了任務。可惜這部電影後來卻遭到了批判，令她很不理解。

1954年她加入了上海電影演員劇團，有了在國營單位的體面職業，有了薪金，她的生活和醫療都有了保障，令她感到非常安慰。新的生活使她又恢復了藝術青春，她決心為新中國的電影事業作出自己的貢獻。但是不久她卻發現，自己突然不會演戲了。這也難怪，過去她演的不是大家閨秀就是豪門媳

漢倫美容院中的藝術品櫥櫃

解放後王漢倫漸漸淡出影壇

婦，她對那個階層的生活和人物非常熟悉，而且大多是苦戲、悲劇，其中很多情節又都有她本人生活的影子，加上她天賦很高，所以演起來十分自如。解放後的電影要反映工農兵了，環境變了，主旋律變了，生活的內容和節奏都變了，而她對新社會工農兵的生活和氣質卻缺乏瞭解，所以感覺力不從心了，她舉手投足總脫不了過去的豪門架勢。所以僅僅在《魯班的傳說》和《熱浪奔騰》中擔任過配角，沒有擔綱過重要的角色。儘管如此，1960年全國第三界文代會在北京召開時，有關部門還是邀請了她和宣景琳、范雪朋等幾位老影星與會，還在中南海受到了黨和國家領導人的接見。

有意思的是，解放後六十年代初，她的哥哥又跟她恢復聯繫了。這一方面是因為解放後大家思想觀念轉變了，演員地位提高了，成為受國家和人民尊重的藝術家；另一方面還因為三年困難時期的「肚子問題」。因為那時候大家都吃不飽，吃飯要糧票，每月的口糧有定量，大家的糧票都非常緊張，而王漢倫是大明星，大藝術家，在文藝界地位很高，可以自由出入文化俱樂部和政協的小餐廳裏，在那裏吃飯是不要糧票的——這在那個饑餓的年代，是一個巨大的誘惑。王漢倫的外甥李家震（她二姐彭繡冰的兒子）那時年輕氣盛，跟姨媽去文化俱樂部吃飯，空口（不用就菜）可以連吃五碗米飯，可見肚子裏油水實在不多。王漢倫的哥哥受到啟發，也加入了前去吃飯的隊伍。儘管如此，這對漸入晚境的王漢倫來說，精神上總是個安慰。

王漢倫，這個中國影壇的第一個女影星，在1978年8月走完了生命的最後一程。電影文化界百餘位朋友到龍華為她送行。她沒有後代，是她的外甥李家震為她辦理了後事，並在追悼會上介紹了她不平

凡的一生，最後把她安葬在家鄉蘇州的青春公墓。

數十年後，國內文化界隆重紀念中國電影一百年時，人們又想到了王漢倫。在報界刊出的百年優秀電影明星評選時，王漢倫仍舊是名列前茅。

永遠的憂愁——王漢倫

近些年來，我不太喜歡看電視。原因之一是，裏面的女性形象面目不佳，常常倒胃口。尤其是風雲一時的「選秀」——各種名目的、轟動全國的「海選」，讓人一打開電視就頭腦轟鳴，眼睛疲憊。

螢幕上十萬佳麗，原本模樣不錯，上了台就一個個張牙舞爪，瘋瘋癲癲，男不男女不女的，要不是頭髮一根根豎起來（據說是「炸彈式」），要不就把肚臍眼袒露出來……也許別人以為這就是美，是現代的美，可是愚頓如我，怎麼也看不出美感來，只好「卡嚓」一聲，把電視機關掉。

令我聊以自慰的是，跟一些中老年朋友聊天時，她們也有這樣的感覺，並且鼓動我說：「你不是在寫老上海的故事嗎？從前的名門閨秀可不是這樣子的，何不寫出來讓大家看看，起碼讓我們這些人懷懷舊也好。」

這倒是個好主意，我極其樂意做這項工作。因為我在十多年的近現代家族史的調查和寫作中，的確接觸到許多過去的名門閨秀，她們基本上都已經八十「奔九」了，甚至九十開外（也有的現在已經故世了），但都依然保持了令人豔羨的大家風範，不僅待人處世保持低

調，說話極有分寸，哪怕是些細瑣小事，也盡可能地處處妥帖，而且儀表風度，那種不偏不激的典雅，總是那麼叫人從心裏感覺舒服……

除了服裝、髮式、儀表，更為可貴的是，她們在世事萬變的動盪年代中，所表現出來的自信、矜持和情操。她們都受過良好的教育，有著與一般民眾不同的家庭背景、人際遭遇和個人品性，她們的故事說明了上海灘上流社會女性生活的一部分。

我非常喜歡她們，常常是不厭其煩、不厭其細地纏著她們給我講故事。這可能是我個人的偏愛。在這本書裏，我就把我的這些偏愛奉獻出來，給那些跟我有同樣偏愛的朋友們。

當然，還有很多沒寫出來。這是第一集，請容我慢慢道來。

如有說得不對，歡迎大家批評。

宋路霞
2007歲尾　於上海

世紀映像叢書

世紀映像叢書

世紀映像叢書

國家圖書館出版品預行編目

上海灘名門閨秀 / 宋路霞著. -- 一版. -- 臺
北市 ： 秀威資訊科技. 2008.01
　　面 ； 公分. -- （史地傳記；PC0042）
　ISBN 978-986-6732-86-7(平裝)

　1. 女性傳記　2. 中國

782.228　　　　　　　　　　97001879

史地傳記　PC0042

上海灘名門閨秀

作　　　者／宋路霞
主　　　編／蔡登山
發　行　人／宋政坤
執 行 編 輯／林世玲
圖 文 排 版／鄭維心
封 面 設 計／莊芯媚
數 位 轉 譯／徐真玉、沈裕閔
圖 書 銷 售／林怡君
法 律 顧 問／毛國樑　律師
出 版 印 製／秀威資訊科技股份有限公司
　　　　　　台北市內湖區瑞光路583巷25號1樓
　　　　　　電話：02-2657-9211　傳真：02-2657-9106
　　　　　　E-mail：service@showwe.com.tw
經　　銷　商／紅螞蟻圖書有限公司
　　　　　　台北市內湖區舊宗路二段121巷28、32號4樓
　　　　　　電話：02-2795-3656　傳真：02-2795-4100
　　　　　　http://www.e-redant.com

2008 年 1 月　BOD 一版
定價：240元

讀 者 回 函 卡

感謝您購買本書,為提升服務品質,煩請填寫以下問卷,收到您的寶貴意見後,我們會仔細收藏記錄並回贈紀念品,謝謝!

1. 您購買的書名:＿＿＿＿＿＿＿＿＿＿＿＿＿＿＿＿＿＿

2. 您從何得知本書的消息?

　□網路書店　□部落格　□資料庫搜尋　□書訊　□電子報　□書店

　□平面媒體　□ 朋友推薦　□網站推薦 □其他＿＿＿＿＿＿

3. 您對本書的評價:(請填代號　1.非常滿意 2.滿意 3.尚可 4.再改進)

　封面設計＿＿＿　版面編排＿＿＿　內容＿＿＿　文/譯筆＿＿＿　價格＿＿＿

4. 讀完書後您覺得:

　□很有收獲　□有收獲　□收獲不多　□沒收獲

5. 您會推薦本書給朋友嗎?

　□會　□不會,為什麼?＿＿＿＿＿＿＿＿＿＿＿＿＿＿＿＿

6. 其他寶貴的意見:＿＿＿＿＿＿＿＿＿＿＿＿＿＿＿＿＿＿＿

＿＿＿＿＿＿＿＿＿＿＿＿＿＿＿＿＿＿＿＿＿＿＿＿＿＿＿＿＿

＿＿＿＿＿＿＿＿＿＿＿＿＿＿＿＿＿＿＿＿＿＿＿＿＿＿＿＿＿

＿＿＿＿＿＿＿＿＿＿＿＿＿＿＿＿＿＿＿＿＿＿＿＿＿＿＿＿＿

讀者基本資料

姓名:＿＿＿＿＿＿＿＿＿＿　年齡:＿＿＿＿　性別:□女 □男

聯絡電話:＿＿＿＿＿＿＿＿　E-mail:＿＿＿＿＿＿＿＿＿＿

地址:＿＿＿＿＿＿＿＿＿＿＿＿＿＿＿＿＿＿＿＿＿＿＿＿＿

學歷:□高中(含)以下　□高中　□專科學校　□大學

　　　□研究所(含)以上 □其他＿＿＿＿＿＿＿

職業:□製造業 □金融業 □資訊業 □軍警 □傳播業 □自由業

　　　□服務業 □公務員 □教職　□學生 □其他＿＿＿＿＿

(請沿線對摺寄回,謝謝!)

秀威與 BOD

BOD（Books On Demand）是數位出版的大趨勢，秀威資訊率先運用 POD 數位印刷設備來生產書籍，並提供作者全程數位出版服務，致使書籍產銷零庫存，知識傳承不絕版，目前已開闢以下書系：

一、BOD 學術著作—專業論述的閱讀延伸
二、BOD 個人著作—分享生命的心路歷程
三、BOD 旅遊著作—個人深度旅遊文學創作
四、BOD 大陸學者—大陸專業學者學術出版
五、POD 獨家經銷—數位產製的代發行書籍

BOD 秀威網路書店：www.showwe.com.tw
政府出版品網路書店：www.govbooks.com.tw

永不絕版的故事·自己寫·永不休止的音符·自己唱